科技应用文写作

主　编　朱国奉
副主编　丁广明　任孝珍
参　编　丁广明　王爱华　朱国奉　任孝珍
　　　　安　宏　李含侠　李雪兰
主　审　黄玉书
副主审　刘康平

东南大学出版社
·南京·

内 容 提 要

本教材以马克思主义原理为指导，在编写过程中坚持了思想性、科学性、先进性、启发性和针对性相结合的原则，着重讲述科技活动中常用文体的写作，力求做到理论知识以必需、够用为度，以讲清概念、强化应用为重点，突出科技写作技能的训练，在大多数文体之后都编排有例文与简析，为学习者进行实训提供了范例，增强了可操作性，体现了教材的风格和特色。

本教材适合高校学生学习和科技工作者自学使用。

图书在版编目(CIP)数据

科技应用文写作 / 朱国奉主编. —南京:东南大学出版社,2003.12(2012.6重印)

ISBN 978-7-81089-381-7

Ⅰ.科… Ⅱ.朱… Ⅲ.科学技术—应用文—写作 Ⅳ.H152.3

中国版本图书馆CIP数据核字(2003)第097333号

东南大学出版社出版发行
(南京四牌楼2号 邮编 210096)
出版人:江建中
江苏省新华书店经销 溧阳市晨明印刷有限公司
开本:787mm×1092mm 印张:8.75 字数:220千字
2003年12月第1版 2012年6月第8次印刷
ISBN 978-7-81089-381-7/H·30
印数:12501—27500 定价:18.00元

编写说明

当今世界正处于科学技术飞速发展的年代，“科技是第一生产力”的著名论断已深入人心。科技应用文写作是优化创造型人才知识结构和能力的需要，是衡量当代大学生成才的重要素质之一。

本书由朱国奉主编，丁广明、任孝珍任副主编。参加编写的人员有（按姓氏笔画为序）：丁广明、王爱华、朱国奉、任孝珍、安宏、李含侠、李雪兰。全书由朱国奉、丁广明统稿。

本教材在编写过程中，编者参阅了大量教材、专著、报刊、文件及有关参考资料，并引用了一些论述和例文，部分参考书目附录于后，但还有一些参考书目未能一一列出，在此谨向这些作者表示谢忱和歉意。

本教材由黄玉书副教授担任主审，刘康平副教授担任副主审，两位副教授在百忙中认真审稿，提出了许多宝贵的意见和建议。本教材在编写过程中得到了江苏畜牧兽医职业技术学院吉文林院长、教务处臧大存处长、张龙副处长、基础部李增国主任以及扬州环境资源职业技术学院领导的大力支持，得到了东南大学出版社的帮助和指导，在此一并表示诚挚的谢意。

由于编写水平有限，时间仓促，书中不妥之处在所难免，诚望广大读者不吝赐教，提出宝贵意见。

编　者

2003 年 9 月

目　　录

第一章 绪 论

第一节 科技写作概述

一、科技写作的概念

写作是人们运用书面语言表情达意、交流思想、传播知识的一种重要方式。科技是科学技术的简称，是人类认识自然、改造自然的知识和经验的总结。科技写作是写作学的一个重要的组成部分，是从写作学体系中派生出来的一种以科学技术为写作对象的新的“边缘”文体，是随着科学技术的进步和科学事业的发展应运而生的产物。它也是人类为了交流科学技术、科学信息所进行的书面存储活动。一切重大发明奖申报、科研成果总结、专利申请、技术鉴定等，都离不开科技写作。

二、科技写作的特点

科技写作有别于文艺写作、政论写作、公务写作和日用写作。它熔科学技术的丰富内容和成熟的写作理论技巧于一炉。它除涉及自然科学的有关领域外，还涉及写作学、科学学、情报学、心理学、逻辑学、自然辩证法和方法论等。作为一门新兴的学科，除具备一般写作的基本规律外，还有其自身的一些特点：

（一）写作目的明确

科学技术是第一生产力。现代科学技术的发展，使之与生产的关系越来越密切了，并且显示出越来越巨大的作用。但是，科学技术要转化为生产力，必须为生产者所掌握，直接进入生产过程，才能为生产建设服务。科技写作的目的就是为了总结科学研究的成果和协调科技活动的进行。如撰写科技论文是为了总结科研新进展和新成果，撰写技术鉴定证书是为了评价科研成果的价值、设计和主要工艺所达到的技术标准，以便取得国家承认，扩大试验、生产以及在生产上广泛使用。

（二）写作内容科学

科技写作是为了总结人们对自然规律的认识与协调科技活动而进行的写作活动，实践指导性很强。因此科技文章的内容必须正确反映客观事物的本质和规律，即必须具有科学性。一篇内容科学并具有创见的科技文章，可以与世长存。例如，我国著名科学家竺可桢的《中国近五千年来气候变迁的初步研究》，论述了我国各个历史时期的气温变化，并指出中国气候变化与世界其他地区的联系，这就有助于我们掌握长期天气变化形势的规律，以预示中国将来的气候。因此，它自上个世纪七十年代发表以来，深受国内外学术界的推崇。

（三）读者相对集中

科技作品的读者对象是专业科技工作者及相关人员，读者面比文艺作品或其他作品窄得多。尖端科学的科技文献，读者为数更少。至于科普创作，则认为是通俗化了的科技写作，与科技文献写法不同，它具有文艺作品的一些写法特征，可读性强，读者对象相对广泛。

（四）文体结构独特

科技文章的结构不同于一般记叙文、论说文、说明文、应用文，根据科技活动的需要，已形成自己的独特的结构方式。从选题、观察、实验、调查、整理数据到讨论结果，形成了一个完整的系统。上个世纪九十年代，国家文献工作标准化技术委员会颁布了国家标准《科学技术报告、学术论文和学位论文的编写格式》GB7713－87，对某些科技文件，如发明申报书、技术鉴定证书等，国家有关机关也专门制定了统一的编写格式，这是为了便于人们撰写、编辑、出版、存贮、检索、利用科技文献而采取的措施。

三、科技写作的作用

（一）科技写作能力是大学生的一项基本功

大学生毕业走上工作岗位后，相当一部分人要从事科学技术工作或科技管理工作，也常常会遇到科技写作的事。钱学森教授说："作为一个科学工作者，应该有这样的本事，能用普通的语言向人民（包括领导）讲解你的专业知识。研究生在撰写论文的同时，最好再写一篇同样内容的科普文章，这应该作为（学位）考核的一项重要内容，这有利于打破死啃书本，只会讲行话的弊病。"从近几年教学实践反映的问题看，不少高校学生的语文水平远不如数、理、化水平。一方面与学生的主观片面的认识有关，另一方面主要缺乏教师必要的指导。现在有些学校甚至不开设语文课，科技写作就无从谈起了。树立科学意识，重视科技写作，把科技写作看成是在校大学生的一项基本功，是当前高校语文教学所面临的一项重要任务。

（二）科技写作是科技工作者应有的素质

当前，科学技术发展迅猛，知识更新速度大大加快，对人才也提出更高的要求。科技工作者不仅要掌握科学技术，还要具备科技写作能力。纵观世界科学史，许多科学巨匠的成功，都借助于科技写作能力的高强；反之，有的科学家因科技写作能力低，未能写成卷篇而遗憾终生。

世界著名英国物理学家麦克斯韦，是经典电磁理论的创始人，有着无比惊人的数学天才，而且，他又具有很高的文学素养，他酷爱诗歌，这对他逻辑思维、想像力及语言表达能力的培养起了重要作用。他接过法拉第研究三十多年而未作圆满结论的课题，以微分方程表达电磁场理论，并预言了电磁波的存在，把电磁场理论推向一个崭新的阶段。相反，丹麦物理学家波尔，由于科技写作水平不高，他一生中并未留下有较高文字质量的长篇著作，成为终生的一大憾事。

（三）科技写作促进科技成果交流，推动科技发展

人类创造了文字，文字就成为科学技术的载体。随着人类文明的进步，记录、传播科技文化工具的改进，写作手段也随之不断变化。科技写作不仅是发展科学技术的重要手段，而且也是记录、传播科学技术、科学知识的锐利武器。

科技作品是处理有关科技工作中业务关系的文献，同时也是指导生产实践的文献。它是直接为解决科技领域的问题，促进科技事业的发展，进而转化为社会生产力服务的，如推广科学研究的成果，总结卓有创见的理论和记录科研实践的过程。

四、提高科技写作能力的基本途径

科技写作，是一种综合性脑力劳动，非一蹴而就，也没有捷径可走。科技写作能力包括选题能力、观察实验能力、调查研究能力、检索能力、思考能力、分析综合能力、科学想象能力、谋篇能力、表达能力等。要提高科技写作能力，必须做到以下几点：

（一）坚持参加社会实践

实践出真知。科技写作除了有正确的指导思想和一定的写作技巧外，还不能是无米之炊，应该有写作所需的丰富资料。这些资料来自科学研究实践或从事其他实践活动，无论是科技论文、科技报告或是科普作品，一般说来，都是前人未曾有过的东西，是创造性的工作。所有这些作品的材料，离开亲身实践，写作就无法顺利进行。古人云："纸上得来总觉浅，绝知此事要躬行。"闭门造车，无法写出高质量的文章来。

（二）加强写作知识的学习

科技写作知识的学习，从内容上讲，包括两个方面：一是基础写作知识的学习，二是科技写作文体的学习。基础写作知识包括主题、题材、结构、语言等方面，对大学生和科技工作者来说，并不陌生。这里我们强调的是科技写作文体知识。

科技文体是随着科学技术的进步和科学事业的发展而应运产生的"边缘"文体。依据大家对科技文体的研究成果，可将它分为学术类文体、应用类文体、新闻类文体和科普类文体四类。具体见下图：

- 科技文体
  - 学术类文体
    - 科技论文体
    - 科技报告体
    - 科技情报体
  - 应用类文体
    - 技术合同体
    - 设计指导体
    - 鉴定纪要体
    - 公务文书体
    - 产品目录体
  - 新闻类文体
    - 消息体
    - 通讯体
  - 科普类文体
    - 讲述体
    - 文艺体
    - 辞书体
    - 图说体

科技写作发展到今天，不少文体初步具备了自己的体裁特点，也逐步形成了一些习惯写法，这在下面的章节中将有所介绍。这也是前人科技写作的结晶，值得借鉴和学习。

（三）不断修改科技作品

提高科技写作水平，需要反复地进行训练和实践。修改，就是改正文章中的错误、缺点以及补充必要的材料、内容。对科技文章来说，首先要检查科技内容是否正确，有否遗漏。其次检查文章存贮的信息是否翔实、有价值，材料处理是否妥当，结构是否合理，行文格式是否符合要求，语言表达是否清楚，用词是否规范，运用标点符号是否正确。修改的顺序基本是先整体，后局部，先内容，后形式。重要的文章还要征求别人意见。几人合作的文章要由一人统稿，传阅后再改。

一篇好的科技作品，不仅在内容上讲究科学，在逻辑上讲究严密，在文体上讲究规范，还有重要的一点，就是在语言上注重准确、简明、严谨、庄重、平实。

思考练习题

1. 什么是科技写作？科技写作有什么特点？
2. 科技写作有何作用？
3. 当代大学生如何提高科技写作能力？
4. 阅读科技作品，谈谈你对科技写作的认识。

第二章　技术合同和科技协议书

第一节　合　　同

一、合同概述

合同,也是一种契约,是指平等主体的自然人、法人及其他组织之间设立、变更、终止民事关系的协议。它有权利和义务方面的约定,比一般的契约更加完善,它是双方或多方的合法的法律行为。

(一) 合同的种类

1999 年 3 月 5 日,我国颁布实施了新的《中华人民共和国合同法》,它主要包括买卖合同、供用电、水、气、热力合同、赠与合同、借款合同、租赁合同、融资租赁合同、承揽合同、建设工程合同、运输合同、技术合同、保管合同、仓储合同、委托合同、行纪合同、居间合同等 15 种合同。

(二) 合同的基本特征

1. 合同的主体一般是法人。法人是依法设立的,并且是有必要的财产和经费,有自己的名称、组织机构和场所,能够独立享有民事权力和承担民事义务的社会组织。

2. 合同的内容反映了当事人特定的经济目的。这种特定的经济目的,主要反映生产和流通领域的经济关系。

3. 合同当事人之间的行为是等价有偿的。合同作为商品交换的法律形式,必须体现等价交换的原则,无偿的赠与行为不构成合同关系。

4. 合同应当采用书面形式。绝大多数合同的标的物数额都较大,合同当事人权利义务的行使和履行都需要较长的期限,要保证合同的全面、正确履行,就必须采用书面形式订合同。

二、合同的格式

合同的结构,一般包括首部、正文、尾部三部分。

(一) 首部。由标题、当事人名称、合同编号、合同签订地点和时间四部分组成。

标题,一般以合同性质或种类命名。注意合同标题要与合同内容相符。

当事人名称,写明签订合同双方的名称,不要写简称。双方名称前,一般还写明“甲方”或“乙方”,也可写成“供方”或“需方”,这种称呼还可以放在双方名称后用括号括上。

合同编号,由当事人根据自己的合同管理制度和方法填写在标题右下方。

合同签订地点和时间。可以以双方当事人协商确定并签字的地点为签约地,也可以以双方商议的某地为签约地。合同签订时间要准确、具体。

(二) 正文。由开头、主体、结尾三部分组成。

开头，写明签订合同的目的或依据。

主体，即双方当事人的协议内容，这是整个合同的核心部分。具体包括合同的标的、数量和质量、价格或酬金、履行期限、地点和方式、违约责任以及双方约定的其他条款等。

1. 标的

标的是一切合同必须具备的首要条款，是合同当事人双方权利义务共同指向的对象。没有标的或标的不明确的合同，当事人的权利和义务就没有依据，合同就不能成立，无法履行。不同的合同标的各不相同，总括起来分为两类：一是实物标的，包括物和货币；二是非实物标的，包括劳务和脑力成果等。

2. 数量和质量

任何合同的标的，都应有明确具体的数量和质量要求，这是双方当事人标的的具体化，否则就无法履行合同或无法分清责任。

数量是指标的在量的方面的限度，是标的的计量，是以数字和计量单位来衡量标的的尺度。合同中没有数量的约定，就会使双方的权利义务处于不确定、不能衡量的状态。因此，在合同中必须明确规定标的数量、计量单位和计量方法。

质量是由标的物的内在素质、外观形态、性能与使用价值综合组成。质量条款具体规定标的物的质量。签订和履行合同，应坚持以质论价的原则，没有质量标准或当事人对质量有特殊要求的，应在合同中具体约定。

3. 价款或酬金

价款或酬金是指取得标的物的一方当事人向对方支付的表现为货币的代价。价款，一般是指对提供财产的当事人支付的与所提供的财产相当的货币。价款包括单价和总金额两部分。酬金是对提供劳务或完成一定工作的当事人所给付的报酬金额。

4. 履行的期限、地点和方式

履行期限，是指一方当事人履行合同义务，另一方当事人接受履行，合同双方当事人实现权利、履行义务的时间界限，它是确定合同当事人是否按时履行的客观标准。它包括生效时间、有效时间和失效时间。一般地说，合同的有效期和履行期是一致的。

履行地点，是指当事人一方按照合同约定履行义务，另一方接受履行的地方。履行地点的确定应根据合同的性质加以选择。

履行方式，是指当事人采用什么方法来完成合同规定的义务。履行方式有时间方式和行为方式。时间方式指合同履行是一次性全面履行完毕，还是分成若干部分分期履行；行为方式是指当事人交付标的物的方法，较常见的有送货、提货、代运等。

5. 违约责任

违约责任是指对不履行合同应承担的责任。这是维护双方当事人合法权益的保障，也是对不履行合同义务的制裁措施。当事人承担违约责任的方式主要采取违约金和赔偿金的方式。

6. 根据法律规定或按合同性质必须具备的条款，以及当事人一方要求必须规定的条款。

结尾，指合同的正、副本份数及保存单位。

（三）尾部。在正文下方写明双方单位全称和代表的姓名、单位地址、电话号码、电报挂号、传真号码、邮政编码、开户银行、账号、税号等，并签字盖章。如需鉴证或公证的，还要写明鉴证、公证的机关及代表，也要签字盖章，并写明合同的有效期限。

第二节　技术合同

一、技术合同概述

（一）技术合同的概念

技术合同是平等主体之间就技术开发、转让、咨询或者服务订立的确立相互之间权利义务的合同。它是经济合同的一种。

技术合同主体是广泛的，法人、自然人、其他组织都可以成为技术合同的主体，但技术合同主体能力和资格上有特殊要求，即技术合同主体必须是特定科学技术成果的合法所有人或者占有者，或者有能力运用自己的技术力量从事技术成果的开发、转让、咨询、服务。

（二）技术合同的特点

1. 标的形态的特殊性

技术合同的标的是凝聚着人类智慧和创造性劳动的技术成果，是一种特殊的商品。这种成果的表现形式是多种多样的，既可以作为无形资产脱离物质实体而独立存在，也可以表现为某种信息，如科技资料、图纸、磁带，还可以表现为某种实物或智力劳务，如样品、试验产品、科技咨询和服务等。因此，技术合同的标的，必须由双方当事人协商一致，采用书面形式确定技术标准、内容、范围和要求，并对关键的名词、术语做出解释。

2. 标的价格的特殊性

技术商品的价格主要由两个因素决定：一是劳动消耗总量。任何一种新的技术成果都是人们脑力劳动和体力劳动的产物，也都离不开物质投入和智力消耗。然而，这是一种特殊的精神劳动，技术成果的价值与研究开发技术的成本并不一定成正比例关系，少量的投入可能获得较大的成果，较大的投入也可能反而获得较小的成果，甚至失败。再者，技术商品的开发属于一次性劳动，无法以社会必要劳动时间衡量它的真实价值。二是技术商品实施后可能带来的经济效益和社会效益。效益好的技术其价值就会随之增加，因此双方约定技术商品价格必须在考虑成本因素、技术含量、市场需求状态及实施后可能带来的经济效益和社会效益后，双方当事人慎重协商确定。

3. 合同履行的特殊性

技术合同中的技术转让是一方允许另一方在一定条件下使用他所拥有的技术，实际上是技术许可，这与其他合同履行中的“交货”不同。技术合同的履行往往产生与技术有关的其他权利归属问题，如发明权、专利权、科技成果权等的归属问题，而其他合同的履行则没有这类问题。

技术合同有其特殊的履行原则。如果一项技术开发超过研究开发方的实际能力和水平，合同义务就无法履行，强行履行会给委托方带来更大的经济损失，因此，技术合同当事人就不应强行要求适用“实际履行”的原则。

根据技术合同不同的标的，技术合同又可划分为技术开发合同、技术转让合同、技术咨询合同、技术服务合同四种。

二、订立技术合同的原则

（一）有利于科学技术进步的原则

订立技术合同的当事人必须遵守我国合同法的有关规定，所订立的合同必须有利于实现科学技术发展规划，有利于开发新产品、新工艺、新材料，促进科技的繁荣与发展。

（二）加速科技成果的转化、应用和推广的原则

科学技术只有与生产实践和经济建设相结合，才能转化为生产力。我国合同法中所列技术合同的规定保障了我国科技成果得到进一步转化、应用、推广。

第三节　技术开发合同

一、技术开发合同概述

（一）技术开发合同的概念

技术开发合同是指当事人之间就新技术、新产品、新工艺或者新材料及其系统的研究开发所订立的合同。

（二）技术开发合同的特点

1. 标的是具有创造性的技术成果

技术开发合同标的存在于开拓未知技术领域、解决新技术课题的过程之中，合同的顺利履行，是个从无到有，从未知到相对已知的创新过程。技术开发合同的标的——技术成果在合同当事人签订开发合同时尚不存在，当事人还没有掌握，只有经过合同当事人一方或双方的研究开发才能取得。

2. 双方当事人共担开发风险

技术开发合同标的的创造性决定了开发行为存在风险，技术开发合同履行过程中，可能会出现因无法克服的技术困难，导致研究开发失败或部分失败，对此产生的损失双方如何承担，当事人应在风险条款中加以事先约定。

3. 技术开发合同是诺成、双务、有偿合同

技术开发合同是诺成性合同，合同成立不必有物的交付行为，当事人的意思表示一致，合同即告成立。同时它又是双务、有偿合同，当事人双方均负担合同义务，一方从另一方取得利益必须付出一定的代价。

（三）技术开发合同的种类

技术开发合同分为委托开发合同和合作开发合同两种。

委托开发合同是指当事人一方委托另一方进行研究开发所订立的确立权利义务关系的合同。委托开发合同中研究开发方要按委托人的要求完成研究工作，并提交开发的成果；委托人应按照合同约定支付研究经费和报酬。

合作开发合同是指当事人各方就共同进行研究开发所订立的确立权利义务关系的合同。双方当事人共同参加新技术的研究开发工作是合作开发合同订立的前提。双方当事人可以共同完成全部研究开发工作，也可以约定分工，分担相应的开发研究工作。

二、技术开发合同主要条款的写法

（一）技术开发合同的写作格式

技术合同的写作格式已经规范化、表格化了，原国家科学技术委员会与国家工商行政管理局共同制定并公布了技术合同示范文本（包括技术开发合同、技术转让合同、技术咨询和技术服务合同，见本章所附例文——技术合同示范文本。）。

（二）技术开发合同主要条款的写法

1. 项目名称

项目名称是指技术开发合同的具体分类名称，如××技术委托开发合同，××产品合作开发合同。要用简明、准确的语言反映合同的技术特征和法律特征，名称与内容必须相符。

2. 标的的内容、形式和要求

标的内容是指当事人通过履行合同所要完成的科学技术成果。当事人必须明确约定技术开发合同标的的技术成果形式，还应注明开发成果的科技水平以及衡量和评定的主要技术指标和经济指标。经济指标是指量化的经济效益。技术指标是指所研究开发的技术在该技术领域内所要达到或应完成的某种技术标准和参数。技术指标应具体写明是国际标准，还是国家标准或行业标准，应用具体数据写明具体设计要求，技术先进程度。

3. 研究开发计划

当事人双方应约定一个周密、合理的工作计划，包括实施研究开发工作的总体计划、年度计划、半年度计划等，各种计划应明确约定每一阶段所要解决的技术问题，完成的研究内容，达到的目标及完成的期限。

4. 研究开发经费、报酬及其支付或结算方式

当事人双方应当明确写明合同研究开发经费的总金额，以及研究开发经费和报酬的来源，如果是合作开发，应明确双方分担经费的数额并在合同中分别写明。技术开发合同经费结算方式主要有两种：一是经费包干，实行经费包干使用，研究开发方的报酬应包含在结余的研究开发经费中，委托方不另行支付报酬；二是实报实销，实行该结算方式，双方当事人应在合同中约定，当研究开发经费不足时，委托方应补充支付；当经费出现剩余时，研究开发方应如数返还；同时还应明确约定，研究开发的报酬数额、支付的形式和时限等。合同价款支付方式，当事人可以协商议定。

5. 利用研究开发经费购置的设备、器材、资料的财产权属

双方当事人应根据合同的具体情况，合理划分设备、器材、资料的权属并明确约定，当事人应分别列出属于单方或共有的设备、器材、资料的清单。

6. 履行的期限、地点和方式

合同中应写明合同开始履行到履行完毕的起止期限，并约定合同履行的具体地点。实践中对合同履行地未约定或约定不明确的，推定在研究开发方所在地履行。合同的履行方式一般通过新材料、新产品、新工艺的研制、开发，样品、样机的试制等各种方式来完成。

7. 技术情报和资料的保密

(1) 合同内容涉及国家安全和重大利益需要保密，必须在合同中载明国家秘密事项的范围；

(2) 对合同中所涉及的仅为少数专家掌握并使拥有者在竞争中获得优势的技术情报、

资料、数据、信息和其他技术秘密，当事人双方要约定承担保密义务；

(3) 当事人根据合同所涉及的技术进步程度、生命周期以及其在竞争中的优势等因素，商定技术保密的范围、时间以及各方应承担的保密责任；

(4) 当事人双方可以约定，不管合同是否变更、解除或终止，合同保密条款继续有效，各方均应继续承担约定的保密义务；

(5) 保密条款不得与国家法律、法规及有关政策相抵触。

8. 技术协作和技术指导的内容

双方可以约定技术协作和指导的具体内容以及协作和指导中各方所应承担的义务和责任。

9. 风险责任约定

对合同的风险责任作合理的约定，约定风险责任承担主体、风险责任承担原则、比例及方式。

10. 技术成果的归属和分享条款

当事人在合同中对包括著作权、专利权、非专利技术使用权、转让权如何使用，归谁所有以及利益如何分配应当做出约定。确认技术成果权属应当遵循两个原则：一是精神权利不可侵犯的原则。精神权利是指与技术成果完成者人身和创造性劳动不可分割的荣誉权和身份权。二是经济权利合理分享的原则。经济权利是指通过使用、转让技术成果取得物质利益的财产权利。当事人应当根据平等互利的原则，在合同中约定技术成果合理的分享办法。

11. 验收的标准和方式

验收方法可采用技术鉴定会专家技术评估等方式，委托方单方认可也可视为验收通过，最后由验收方出具验收证明及文件，作为合同验收通过的依据。

12. 违约金或者损失赔偿额的计算方法

本条款应约定双方对等的违约责任及违约金、损失赔偿额的具体计算方法。

委托方的违约责任：

(1) 委托方违反合同造成研究开发工作停滞、延误或者失败的，应当支付违约金或赔偿损失。

(2) 委托方拖延支付研究开发经费，造成研究开发工作停滞、延误的，承担相应的责任；委托方逾期两个月不支付研究开发经费或者报酬的，研究开发方有权解除合同，委托方应当返还技术资料，补交应付的报酬，赔偿因此给受托方造成的损失。

(3) 委托方未按照合同约定提供技术资料、原始数据和协作事项有重大缺陷，导致研究开发工作停滞、延误、失败的，委托方应当承担责任；委托方逾期两个月不提供技术资料、原始数据和协作事项的，研究开发方有权解除合同，委托方应当赔偿因此给研究开发方所造成的损失。

(4) 委托方逾期六个月不接受研究开发成果的，研究开发方有权处理研究开发成果；所获得的收益在扣除约定的报酬、违约金和保管费后，退还委托方；所得收益不足以抵偿有关报酬、违约金和保管费的，研究开发方有权请求委托方赔偿损失。

研究开发方的违约责任：

(1) 研究开发方违反合同造成研究开发工作停滞、延误的，除应当采取补救措施继续履行合同外，应当支付违约金或者赔偿损失；造成研究开发工作失败的，应当返还全部或者部分研究开发经费和报酬，支付违约金或者赔偿损失。

（2）研究开发方未按计划实施研究开发工作的，委托方有权要求其实施研究开发计划并采取补救措施。研究开发逾期两个月不实施研究开发计划的，委托方有权解除合同。研究开发方应当返还研究开发经费，赔偿因此给委托方所造成的损失。

（3）研究开发方将研究开发经费用于开发合同以外目的的，委托方有权要求其退还相应的经费。因此造成研究开发工作停滞、延误或者失败的，研究开发方应当支付违约金或者赔偿损失。经委托方催告后，研究开发方逾期两个月未退还经费用于研究开发工作的，委托方有权解除合同。研究开发方应当返还研究开发经费，赔偿因此给委托方造成的损失。

（4）由于研究开发方的过错，造成研究开发成果不符合合同约定条件的，研究开发方应当支付违约金或者赔偿损失；造成研究开发工作失败的，研究开发方应当返还部分或者全部研究开发经费，支付违约金或者赔偿损失。

13. 争议的解决方法

双方当事人可以约定选择采用协商解决、调解解决、仲裁解决或者诉讼解决四种解决方法中的一种或多种，但仲裁和诉讼不能同时选择。同时应写明仲裁委员会的具体名称，或约定具体的管辖法院。

14. 名词和术语的解释

为了避免因关键名词和术语在理解、认识上发生误解而影响合同履行，当事人必须对合同中出现的一些特定名词和术语做必要的说明和注释。

15. 附件

列入国家计划的科技项目订立的合同，应当附项目计划书、任务书及主管机关的批准文件。涉及专利的，应注明发明创造的名称、专利申请人和专利权人、申请日期、申请号、专利号及专利权的有效期限。

三、例文简析

技术开发合同

合同登记编号：

技术开发合同

项目名称：

委托方（甲方）：

研究开发方（乙方）：

签订地点：　　　　　　省　　　　市（县）

签订日期：　　　　年　　　　月　　　　日

有效期限：　　　　年　　　　月　　　　日至　　　　年　　　　月　　　　日

填写说明

一、“合同登记编号”的填写方法：

合同登记编号为十四位，左起第一、二位为公历年代号，第三、四位为省、自治区、直辖市编码，第五、六位为地、市编号，第七、八位为合同登记点编号，第九至十四位为合同登记序号，以上编号不足位的补零。各地区编码按 GB2260－84 规定填写。（合同登记序号由各地区自行规定）

二、技术开发合同是指当事人之间就新技术、新产品、新工艺和新材料及其系统的研究开发所订立的合同。技术开发合同包括委托开发合同和合作开发合同。

三、计划内项目应填写国务院部委、省、自治区、直辖市、计划单列市、地、市（县）级计划，不属于上述计划的项目栏划“/”表示。

四、标的技术的内容、形式：

包括开发项目应达到的技术经济指标、开发目的、使用范围及效益情况，成果提交方式及数量。

提交开发成果可采取下列形式：

1. 产品设计、工艺规程、材料配方和其他图纸、论文、报告等技术文件。

2. 磁盘、磁带、计算机软件；

3. 动物或植物新品种、微生物菌种；

4. 样品、样机；

5. 成套技术设备。

五、研究开发计划：

包括当事人各方实施开发项目的阶段进度，各个阶段要解决的技术问题，达到的目标和完成的期限等。

六、技术情报和资料的保密：

包括当事人各方情报和资料保密义务的内容、期限和泄漏技术秘密应承担的责任。

双方可以约定，不论本合同是否变更、解除、终止，本条款均有效。

七、其他：

合同如果是通过中介机构介绍签订的，应将中介合同作为本合同的附件。如果双方当事人约定定金、财产抵押及担保的，应将给付定金、财产抵押及担保手续的复印件作为本合同的附件。

八、委托代理人签订本合同书时，应出具委托证书。

九、本合同书中，凡是当事人约定认为无需填写的条款，在该条款填写的空白处划“/”表示。

依据《中华人民共和国合同法》的规定，合同双方就__________项目的技术开发（该项目属__________计划＊），经协商一致，签订本合同。

一、＊标的技术的内容、形式和要求；

二、应达到的技术指标和参数：

三、＊研究开发计划：

四、研究开发经费、报酬及其支付或结算方式：

（一）研究开发经费是指完成本项研究开发工作所需的成本；报酬是指本项目开发成果的使用费和研究开发人员的科研补贴。

本项目研究开发经费及报酬：　　　　　　　　　　　元。

其中：甲方提供　　　　　　　元，乙方提供　　　　　　　元。

如开发成本实报实效，双方约定如下：

（二）经费和报酬支付方式及时限（采用以下第＿＿＿＿种方式）；

1. 一次总付：　　　　　　　元，时间：

2. 分期支付：　　　　　　　元，时间：

3. 按利润　　　　　　　　　%提成，期限：

4. 按销售额　　　　　　　　%提成，期限：

5. 其他方式

五、利用研究开发经费购置的设备、器材、资料的财产权属：

六、履行的期限、地点和方式：

本合同自＿＿＿年＿＿＿月＿＿＿日至＿＿＿＿年＿＿＿月＿＿＿日在＿＿＿（地点）履行。

本合同的履行方式：

七、＊技术情报和资料的保密：

八、技术协作和技术指导的内容：

九、风险责任的承担：

在履行本合同的过程中，确因在现有水平和条件下难以克服的技术困难，导致研究开发部分或全部失败所造成的损失，风险责任由＿＿＿＿承担。（1. 乙方；2. 双方；3. 双方另行商定）

经约定，风险责任甲方承担＿＿＿＿%，乙方承担＿＿＿＿%。

本项目风险责任确认的方式为：

十、技术成果的归属和分享：

（一）专利申请权：

（二）非专利技术成果的使用权、转让权：

十一、验收的标准和方式：

研究开发所完成的技术成果，达到了本合同第二条所列技术指标，按标准，采用方式验收，由＿＿＿方出具技术项目验收证明。

十二、违约金或者损失赔偿额的计算方法：

违反本合同规定，违约方应当按合同法有关规定承担违约责任。

（一）违反本合同第＿＿＿＿条约定，甲方应当承担违约责任、承担方式和违约金额如下：

（二）违反本合同第＿＿＿＿条约定，乙方应当承担违约的责任、承担方式和违约金额如下：

（三）＿＿＿＿＿＿＿＿＿＿＿＿＿＿＿＿

十三、争议的解决办法：

在本合同履行过程发生争议，双方应当协商解决，也可以请求＿＿＿＿进行调解。双方不愿协商、调解解决或者协商、调解不成时，双方商定，采用以下第＿＿＿＿种方式解决。

（一）因本合同所发生的任何争议，申请＿＿＿＿仲裁委员会仲裁；

（二）按司法程序解决。

十四、名词和术语解释：

十五、*其他（含中介方的权利、义务、服务费及其支付方式、定金、财产抵押、担保等上述条款未尽事宜：）

（本合同书标有*号的条款按填写说明填写）

委托方（甲方）	名称（或姓名）			签章
	法定代表人	（签章）	委托代理人	签章
	联系人		（签章）	
	住所（通讯地址）			
	电话		电挂	
	开户银行			
	账号		邮政编码	
研究开发方（乙方）	名称（或姓名）			签章
	法定代表人	（签章）	委托代理人	签章
	联系人		（签章）	
	住所（通讯地址）			
	电话		电挂	
	开户银行			
	账号		邮政编码	
中介方	单位名称		（签章） 年　月　日	
	名称（或姓名）			签章
	法定代表人	（签章）	委托代理人	签章
	联系人		（签章）	
	住所（通讯地址））			
	电话		电挂	
	开户银行			
	账号		邮政编码	

简析：这是一份技术开发合同的示范文本。技术开发合同是技术合同中的一种。该技术合同示范文本格式完整，考虑问题全面，内容详尽，技术开发合同双方义务和责任明确，有关这方面的合同均可参照此文本签订。下面几节中的技术合同例文也都是示范文本，不再一一进行简析。

第四节　技术转让合同

一、技术转让合同概述

（一）技术转让合同的概念

技术转让合同是指当事人就专利权转让、专利申请权转让、专利实施许可、技术秘密的转让所订立的合同。

（二）技术转让合同的特点

技术转让合同具有以下特点：

1. 合同标的是现有的、特定的和权利化的技术成果

这项成果应当同时具备下述条件：是一项完整的技术方案；订立合同时已经存在；当事人之间受专利技术成果或技术秘密之权属的约束。技术转让合同的履行特点是技术成果权属发生由此到彼的转移。

2. 技术转让合同所转让的是技术成果使用权

受让方接受转让的目的是为了利用技术并取得高于现有技术的价值。一般情况下，转让方将技术成果交付受让方之后，并不丧失对该技术成果的所有权，而受让方只是取得对该项技术的使用权。

3. 转让的是现有的、特定的、相对完全和成熟的技术

合同当事人约定转让的合同标的是属于尚未开发的技术成果，转让没有专利或技术秘密权属的知识、技术、经验和信息，均不属于技术转让合同。

4. 技术转让合同时效具有长期性

技术商品是知识性、经验性很强的商品，合同期限长短直接关系到当事人双方的切身利益。如果合同期限过短，转让方会感到无利可图，不愿转让技术；受让方则怕影响其吸收、消化和掌握该技术，达不到受让技术的目的。所以，技术转让合同的有效期一般较长。

（三）技术转让合同的种类

1. 专利权转让合同

专利权转让合同是指转让方专利权人将自己拥有或持有的专利授权移交给受让方，受让方支付约定价款而订立的合同。合同依法成立后，受让方因向转让方支付约定价款而成为新的专利权人，享有原专利权人所享有的专利权；转让方按约定收取价款后，则失去专利人的资格。

2. 专利申请权转让合同

专利申请权转让合同是指转让方即对发明创造享有专利申请权的当事人将该项专利移交给受让方，受让方支付约定价款所订立的合同成立后，受让方因向转让方按约定支付了价款而成为新的专利申请权人；转让方按约定收取受让方的价款后，则失去了专利申请权人的资格。

3. 专利实施许可合同

专利实施许可合同是指专利权人或者其授权的人作为转让方在约定的范围内实施专利，受让方支付约定价款所订立的合同。专利实施是指专利技术的推广和应用。专利技术是某产品时，实施则指生产、使用和销售；专利技术是方法时，实施则指使用该专利方法。专

利实施许可合同包括以下几种：

(1) 独占实施许可合同

这是指受让方在规定的范围享有对合同的专利技术的使用权，转让方或任何第三方都不得同时在该范围内具有对该项专利技术的使用权。

(2) 排他实施许可合同

这是指受让方在规定的范围内享有对合同规定的专利技术的使用权，转让方仍然保留在该范围内的使用权，但排除任何第三方在该范围内对同一专利技术的使用权。

(3) 普通实施许可合同

这是指受让方在规定范围内享有对专利技术的使用权，同时转让方不仅保留着在该范围内对该项专利技术的使用权，而且还保留着在该范围内将该项专利技术的使用权出让给任何第三方的权利。

4. 技术秘密转让合同

技术秘密转让合同是指转让方将拥有的技术秘密提供给受让方，明确相互之间技术秘密的使用权、转让权，受让方支付约定使用费所订立的合同。技术秘密转让，一般是指为少数人所独占，处于保密状态，没有获得专利权的工业技术、经营技术和管理技术的转让。

二、技术转让合同主要条款的写法

(一) 非专利技术的内容要求和工业化开发程度条款

对所要转让的技术要写清名称、技术标准、技术要求、物理和化学特性等，一般采用具体的数字技术指标来说明。同时要说明该技术成果工业开发程度，比如是属于小试、中试的阶段性成果，还是可以直接投入生产使用的工业化成果。对于新设备，要写明×台/月产或×台/年产，以及设备的技术参数；对于新材料，要写明××件/月产，×××件/年产，以及材料的各种性能指标等；对于新工艺，要写明××kg/月产，×××t/年产，以及产品的技术指标等。撰写要实事求是、清楚、明了、实在。

(二) 技术情报和资料及其提交期限、地点和方式

无论是专利技术还是非专利，大多数似一层“窗户纸”一点即破。未掌握它时很神秘，一旦知晓，似乎一文不值。鉴于此，转让方必须慎重防范，对入门费和技术使用费应采取先付款后再交情报资料。或者两者同时进行，即一手交钱，一手交货的做法。在此条款中详细写明白，在违约条款中也应详细写明。

(三) 经费及其支付方式

在约定此条款时，要协商选择双方都能接受的方式，并写明经费数量，支付时间或期限。

(四) 技术秘密的范围和保密期限

根据实际情况明确约定具体的保密范围、时间以及各方应承担的保密责任。

(五) 违约金或者损失赔偿额的计算方法

1. 转让方违约责任

(1) 未按照合同约定转让技术的，除返还全部或部分使用费外，应当支付违约金或赔偿损失。

(2) 逾期两个月不办理有关标的物的移交手续，不提供有关技术情报和资料，应当返还价款并按合同支付违约金或赔偿损失。

(3) 实施专利或者使用技术秘密超越约定的范围的，违反约定擅自允许第三人实施该

专利或者使用该项技术秘密的，应当停止违约行为，承担违约责任。

(4) 转让方违反合同保密义务使受让方遇受损失应当支付违约金或赔偿损失。

(5) 技术秘密达不到约定指标的，转让方应当支付违约金或赔偿损失。

2. 受让方违约责任

(1) 受让方未按照约定支付使用费的，应当补交使用费并按照约定支付违约金；不补交使用费或者不支付违约金的，应当停止实施专利或者停止使用技术秘密，交还技术资料，支付违约金或赔偿损失。

(2) 受让方逾期两个月不支付使用费或价款的，转让方有权解除合同，受让方应当补交使用费，并支付违约金或赔偿损失。

(3) 实施专利或者使用技术秘密超越约定的范围的，违反约定擅自允许第三人实施该专刊或者使用该项技术秘密的，应当停止违约行为承担约定责任。

(4) 受让方违反合同保密义务使转让方遇受损失应当支付违约金或赔偿损失。

技术转让合同当事人根据实际情况约定什么性质违约行为承担什么性质的违约责任，并约定违约金或赔偿金的具体计算方法。

三、例文简析

技术转让合同

合同登记编号：

技术转让合同书

项目名称：

受让方(甲方)：

转让方(甲方)：

签订地点：　　　　　省　　　　市(县)

签订日期：　　　　年　　　　月　　　　日

有效期限：　　　　年　　　　月　　　　日至　　　　年　　　　月　　　　日

填写说明

一、“合同登记编号”的填写方法：

合同登记编号为十四位，左起第一、二位为公历年代号，第三、四位为省、自治区、直辖市编码，第五、六位为地、市编号，第七、八位为合同登记点编号，第九至十四位为合同登记序号，以上编号不足位的补零。各地区编码按 GB2260－84 规定填写。(合同登记序号由各地区自行规定)

二、技术转让合同是指当事人就专利权转让、专利申请权转让、专利实施许可、非专利技术转让所订立的合同。本合同书适用于非专利技术转让合同，专利权转让合同、专利申请权转让合同、专利实施许可合同，采用专利技术合同书文本签订。

三、计划内项目应填写国务院部委、省、自治区、直辖市、计划单列市、地、市(县)级计划，不属于上述计划的项目此栏划“/”表示。

四、技术秘密的范围和保密期限：是指各方承担技术保密义务的内容，保密的地域范围和保密的起止时间、泄漏技术秘密应承担的责任。

五、使用非专利技术的范围：

是指使用非专利技术的地域范围和具体方式。

六、其他：

合同如果是通过中介机构介绍签订的，应将中介合同作为本合同的附件。如双方当事人约定定金、财产抵押及担保的，应将给付定金、财产抵押及担保手续的复印件作为本合同的附件。

七、委托代理人签订本合同时，应出具委托证书。

八、本合同书中，凡是当事人约定无需填写的条款，在该条款填写的空白处划“/”表示。

依据《中华人民共和国合同法》的规定，合同双方就____________转让（该项目属计划※），经协商一致，签订本合同。

一、非专利技术的内容、要求和工业化开发程度：

二、技术情报和资料及其提交期限、地点和方式：

乙方自合同生效之日起________天内，在________（地点），以________方式，向甲方提供下列技术资料。

三、※本项目技术秘密的范围和保管期限：

四、※使用非专利技术的范围：

甲方____________　　乙方____________

五、验收标准和方法：

甲方使用该技术，试生产______后，达到了本合同第一条所列技术指标，按______标准，采用________方式验收，由______出具技术项目验收证明。

六、经费及其支付方式：

（一）成交总额：

其中技术交易额（技术使用费）：________元。

（二）支付方式（采用以下第______种方式）：

1. 一次总付：　　　　元，时间：

2. 分期支付：　　　　元，时间：

3. 按利润　　　　　　%提成，期限：

4. 按销售额　　　　　%提成，期限：

5. 其他方式

七、违约金或者损失赔偿额的计算方法：

违反本合同约定，违约方应当按合同法有关规定承担违约责任。

（一）违反本合同第______条约定，______应当承担违约责任、承担方式和违约金额如下：

（二）违反本合同第______条约定，______应当承担违约的责任、承担方式和违约金额如下：

（三）________________________________

八、技术指导的内容：（含地点、方式及费用）

九、后续改进的提供与分享：

本合同所称的后续改进，是指在本合同有效期内，任何一方或者双方对合同标的的技术成果所作的革新和改进。双方约定，本合同标的的技术成果后续改进由________方完成，后续改进成果属于________方。

十、解决合同纠纷的方式：

执行本合同发生争议，由当事人双方协商解决。协商不成，双方同意由________仲裁委员会仲裁（当事人双方未在本合同中约定仲裁机构，事后又未达成书面仲裁协议的，可向人民法院起诉）。

十一、名词和术语的解释：

十二、※其他（含中介方的权利、义务、服务费及其支付方式、定金、财产抵押、担保等上述条款未尽事宜）：

注：（本合同书中标※号的条款按填写说明填写）

委托方（甲方）	名称（或姓名）			签章
	法定代表人	（签章）	委托代理人	签章
	联系人	（签章）		
	住所（通讯地址）			
	电话		电挂	
	开户银行			
	账号		邮政编码	
转让方（乙方）	名称（或姓名）			签章
	法定代表人	（签章）	委托代理人	签章
	联系人	（签章）		
	住所（通讯地址）			
	电话		电挂	
	开户银行			
	账号		邮政编码	
中介方	单位名称	（签章） 年 月 日		
	名称（或姓名）			签章
	法定代表人	（签章）	委托代理人	签章
	联系人	（签章）		
	住所（通讯地址）			
	电话		电挂	
	开户银行			
	账号		邮政编码	

第五节　技术咨询合同

一、技术咨询合同概述

（一）技术咨询合同的概念

技术咨询合同是指当事人一方为另一方就特定技术项目提供可行性论证、技术预测、专题技术调查、分析评价报告所订立的合同。提出合同标的要求并付款方为委托方，提供特定技术项目成果方为受托方。

（二）技术咨询合同的特点

1. 标的为特定的对象

技术咨询合同的标的是受托方为委托方提供可行性论证、技术预测、专题技术调查、分析评价报告等科学研究活动所指向的特定技术项目。

2. 特殊的履行方式

技术咨询合同主要是通过针对特定技术项目提出建议、意见和方案等方式履行。

3. 特殊的风险责任承担原则

技术咨询合同委托方因实施顾问方（受托方）提供的咨询报告所造成的经济损失，除合同另有约定外，受托方不承担赔偿责任。

二、技术咨询合同主要条款的写法

（一）项目名称条款

项目名称是指技术咨询合同所涉及的合同标的项目的具体名称。使用简明、准确的语句来写，反映出合同的技术特征和法律特征，如某产品研制技术咨询合同。项目名称一定要与内容相符合。

（二）咨询的内容、形式和要求条款

当事人应写明合同标的内容及其特征，即应写明该合同是就什么项目进行可行性论证、技术预测或专题技术调查及分析评价。同时还应写明咨询活动的必要性、意义以及社会经济效益等内容。咨询形式即受托方是以什么样的方式来回答或完成委托方提出的技术问题。双方应约定受托方完成技术咨询合同所应达到的指标、要求以及应提交的咨询报告、技术资料和有关附件。

（三）履行期限、地点和方式条款

当事人在合同中应约定履行期限，委托方应给对方必要的准备时间。履行地点既可以定在委托方所在地，也可约定在受托方所在地或者双方同意的其他地点。履行方式，可以约定采用受托方向委托方提交可行性论证、技术预测、专题技术调查及分析评价报告等方式。

（四）委托方的协作事项条款

当事人可以约定委托方的协作事项包括：阐明咨询的问题，向受托方提供技术背景材料及有关技术、数据；根据受托方的要求补充说明有关情况，追加有关资料、数据；提供的技术资料、数据有明显错误和缺陷的，应及时修改、完善；为受托方进行调查论证提供必要的工作条件。对协作事项的约定应当明确具体，应写明提供资料及工作条件的具体时间、内容、数量和方式等。

（五）技术情报和资料的保密条款

参见前文技术开发合同该条款。

（六）验收、评价方法条款

技术咨询合同因其成果大都属于软科学范畴，具有无形、难以操作的特点，其验收标准一般不易以硬性指标衡量，当事人应本着科学、公正、实事求是的原则进行验收，不能过于苛刻或显失公平。验收方式，可以约定采用鉴定会、专家评估，也可以约定以委托方认可视为验收通过。不论采用何种方式验收，都应由验收方出具验收证明文件。

（七）报酬及其支付方式条款

当事人应明确约定技术咨询的报酬数额及支付方式。如果受托方进行必要的调查研究、分析论证、试验测定活动的经费不包含在合同报酬中，当事人还应约定此经费的负担及支付方式。

（八）违约责任条款

当事人应对违约金或者损失赔偿额的计算方法予以约定，如果合同中约定了违约金的，违约金视同损失赔偿金额，损失赔偿额不重复计算。也可以特别约定损失超过违约金数额的，应补偿违约金不足部分。违约金不得超过合同报酬总额。损失赔偿额的计算不得显失公平。

委托方的违约责任：

1. 委托方未按照合同约定提供必要的数据和资料，影响工作进度和质量的，所付报酬不得追回，未付的报酬应当如数支付；

2. 委托方未按期支付报酬的，应当补交，并支付违约金或者赔偿损失；

3. 委托方未按照合同约定提供必要的数据和资料，或者迟延提供合同约定的数据和资料，或者所提供的数据、资料有严重缺陷，影响工作进度和质量的，应当如数支付违约金或赔偿损失；

4. 委托方逾期两个月不提供或者不补充有关技术资料、数据和工作条件，导致受托方无法开展工作的，受托方有权解除合同，委托方应当支付违约金或者赔偿损失。

受托方的违约责任：

1. 受托方未按期提出咨询报告或者提出的咨询报告不符合合同约定的，应当减收或者免收报酬，支付违约金或者赔偿损失；

2. 受托方迟延提交咨询报告和意见的，应当支付违约金，咨询报告和意见不符合合同约定条件的，应当减收或者免收报酬；

3. 受托方不提交咨询报告和意见，或者所提交的报告和意见水平低劣、无参考价值的，应当免收报酬，支付违约金或者赔偿损失；

4. 受托方在接到委托方提交的技术资料和数据之日起 2 个月内，不进行调查论证的，委托方有权解除合同，受托方应当返还已收的报酬，支付违约金或者赔偿损失。

（九）解决争议条款

双方当事人应当约定合同争议的解决方法，可以选择协商、调解、仲裁或者诉讼等办法解决合同争议。如果选择仲裁管辖，应写明仲裁委员会的具体名称；如果选择诉讼管辖，也应约定具体的管辖法院。

三、例文简析

技术咨询合同

合同登记编号：

技术咨询合同书

项目名称：

委托方(甲方)：

顾问方(乙方)：

签订地点：　　　　　　　省　　　　　市(县)

签订日期：　　　　年　　　　月　　　　日

有效期限：　　　　年　　　　月　　　　日至　　　　年　　　　月　　　　日

填写说明

一、"合同登记编号"的填写方法：

合同登记编号为十四位，左起第一、二位为公历年代号，第三、四位为省、自治区、直辖市编码，第五、六位为地、市编号，第七、八位为合同登记点编号，第九至十四位为合同登记序号，以上编号不足位的补零。各地区编码按 GB2260—84 规定填写。(合同登记序号由各地区自行规定)

二、技术咨询合同是指当事人一方为另一方就特定技术项目提供可行性论证、技术预测、专题技术调查、分析评价报告所订立的合同。

三、计划内项目应填写国务院部委、省、自治区、直辖市、计划单列市、地、市(县)级计划，不属于上述计划的项目此栏划"/"表示。

四、技术情报和资料的保密：

包括当事人各方情报和资料保密义务的内容、期限和泄漏技术秘密应承担的责任。

双方可以约定，本合同变更、解除、终止，本条款均有效。

五、其他：

合同如果是通过中介机构介绍签订的，应将中介合同作为本合同的附件。

六、委托代理人在签订本合同时，应出具委托证书。

七、本合同书中，凡是当事人约定无需填写的条款，在该条款填写的空白处划"/"表示。

依据《中华人民共和国合同法》的规定，合同双方就__________项目的技术咨询(该项目属________计划※)，经协商一致，签订本合同。

一、咨询的内容、形式和要求：

二、履行期限、地点和形式：

本合同自________年______月______日至________年______月______日在__________(地点)履行。

本合同的履行方式：

三、委托方的协作事项：

在合同生效后________（时间）内，委托方应向顾问方提供下列资料和工作条件：

其他：

四、※技术情报和资料的保密：

五、验收、评价方法：

咨询报告达到了本合同第一项所列要求，采用方式验收，由__________方出具技术咨询验收证明。

评价方法：

六、报酬及其支付方式：

（一）本项目报酬（咨询经费）：____________元。

顾问方进行调查研究、分析论证、试验测定的经费为__________元，由________负担。（此项经费如包含在咨询经费中则不再单列）

（二）支付方式（采用以下第________种方式）：

1. 一次总付：__________元，时间：__________

2. 分期支付：__________元，时间：__________

__________元，时间：__________

3. 其他方式

七、违约金或者损失赔偿额的计算方法：

违反本合同约定，违约方应当按合同法有关规定承担违约责任。

（一）违反本合同第__________条约定，________应当承担违约责任，承担方式和违约金额如下：

（二）违反本合同第__________条约定，________应当承担违约责任，承担方式和违约金额如下：

（三）____

八、解决合同纠纷的方式：

执行本合同发生争议，由当事人双方协商解决。协商不成，双方同意由仲裁委员会仲裁（当事人双方未在本合同中约定仲裁机构，事后又未达成书面仲裁协议的，可向人民法院起诉）。

九、※其他（含中介方的权利、义务、服务费及其支付方式等上述条款未尽事宜）：

注：（本合同书中标※号的条款按填写说明填写）

委托方（甲方）	名称（或姓名）			签章
	法定代表人	（签章）	委托代理人	签章
	联系人	（签章）		
	住所（通讯地址）			
	电话		电挂	
	开户银行			
	账号		邮政编码	
顾问方（乙方）	名称（或姓名）			签章
	法定代表人	（签章）	委托代理人	签章
	联系人	（签章）		
	住所（通讯地址）			
	电话		电挂	
	开户银行			
	账号		邮政编码	
中介方	单位名称	（签章） 年　月　日		
	名称（或姓名）			签章
	法定代表人	（签章）	委托代理人	签章
	联系人	（签章）		
	住所（通讯地址）			
	电话		电挂	
	开户银行			
	账号		邮政编码	

第六节　技术服务合同

一、技术服务合同概述

（一）技术服务合同的概念

技术服务合同是指当事人一方以技术知识为另一方解决特定技术问题所订立的合同。提出要求并付款方为委托方，提供服务方为服务方。这些特定技术问题包括：设计服务、工艺服务、测试分析服务、计算机应用技术服务、新型或复杂生产线的调试、农业的产前、产中、产后技术服务等等。

（二）技术服务合同的特点

第一，服务主体为专业科技人员。服务方一般都是掌握一定专门科学技术知识，具有一定学历和专业技术职称的科技人员，服务方可以运用自己掌握的科技知识，同时或先后为多家委托方重复提供本专业范围的技术服务。

第二，服务技术属非创新型技术。服务方向委托方提供的技术服务是日常专业工作中反复运用的现有知识和经验，不包括专利技术和专有技术。

第三，技术服务合同确立的是一种特殊的知识型劳务关系。服务方利用自己掌握的技术知识、经验或信息为委托方完成某项工作，如编制施工方案、工艺设计、产品及材料鉴定等，委托方按照合同约定检查验收并支付报酬。不能把技术服务与一般提供简单劳务相等同。

二、技术服务合同主要条款的写法

（一）服务项目名称条款

要写清楚技术服务合同所涉及的技术标的项目的具体名称，名称应反映与标的相应的技术特征和法律特征，并与内容相符。

（二）技术服务内容、方式和要求条款

当事人应写明技术服务合同的标的及其特征，并明确约定技术服务所要达到的具体技术指标、经济指标以及实施效果等。

（三）合同履行期限、地点和方式条款

当事人应当约定技术服务合同履行的期限、地点和方式。约定期限时，权利方应给对方必要的准备时间，履行地点可以约定在委托方所在地，也可以在服务方所在地，或者双方同意的其他地点。

（四）工作条件和协作事项

工作条件和协作事项包括：向服务方阐明所要解决的技术问题的要点；提供有关背景资料、数据、原始设计文件，并提供必要的样品材料、场地和必要的工作条件；同时双方对在合作中需要对方协作的具体问题，如交通、食宿等内容做出明确约定。

（五）验收标准和方式条款

技术服务合同实施完成后，其验收标准是合同标的约定的技术指标和经济指标。当事人应在合同中明确约定验收标准和验收方式。技术服务合同的验收方式，可以采用鉴定会、专家评估的形式，也可采用委托方单方认可即视为验收通过。当事人还可以在合同中约定服务质量保证期，因为有些技术服务合同的标的在短期内难以发现缺陷，在保证期内如有服务质量缺陷的，服务方应负责返工或采取补救措施，但属于因委托方使用、保管不当引起的问题除外。

（六）报酬和支付方式条款

合同中明确约定技术服务具体的报酬数额及支付方式，当事人可以协商议定采取一次总算、一次总付或一次总算、分期支付，也可以采取其他支付方式。

（七）违约金或者赔偿损失额的计算方法条款

参见前文技术咨询合同该条款。

委托方的违约责任

1. 未按照合同约定提供有关技术资料、数据、样品和工作条件，影响工作进度和质量的，不得追回支付的报酬，未支付的报酬应当支付。

2. 逾期两个月不提供约定的物质技术条件的，受托方有权解除合同，委托方应当支付违约金或者赔偿由此给受托方造成的损失。

3. 委托方逾期两个月不支付报酬或者违约金的，应当交还工作成果，补交报酬，支付违约金或者赔偿损失。

4. 委托方提供的技术资料、数据、样品、材料不符合合同约定，接到受托方通知后未按期答复的，应承担相应的责任。

5. 委托方逾期6个月不领取工作成果，受托方有权处分工作成果，从其所获收益中扣除报酬、违约金和保管费后，剩余部分返还委托方；受托方所获的收益不足抵偿报酬、违约金和保管费的，有权要求委托方赔偿损失。

受托方的违约责任：

1. 迟延交付工作成果的，受托方应支付违约金。逾期两个月未交付工作成果的，委托方有权解除合同，受托方应当交还技术资料和样品，返还已收的报酬，支付违约金或赔偿损失。

2. 工作成果、服务质量有缺陷，但委托方同意利用的，受托方应当减收报酬并采取适当补救措施；工作成果、服务质量有严重缺陷，没有解决合同约定的技术问题的，受托方应当免收报酬，支付违约金或赔偿损失。

3. 受托方对委托方提供的技术资料、样品等因保管不善而造成技术资料、样品灭失、缺少、变质、污染或者损坏的，应当赔偿相应的损失。

4. 技术服务合同的标的在短期内难以发现缺陷的，当事人可以在合同中约定保证期，在保证期内发现服务质量缺陷的，受托方应当负责返工或采取补救措施，但因委托方使用、保管不当引起的问题除外。

5. 受托方发现委托方提供的技术资料、数据、样品、材料或工作条件不符合合同约定，却不及时通知委托方，受托方应承担相应的责任。

6. 受托方履行合同期间，发现继续工作对材料、样品或设备等有损坏危险，却未及时通知委托方或采取适当的措施，受托方应承担相应的责任。

（八）争议的解决办法条款

参见前文技术咨询合同该条款。

三、例文简析

技术服务合同

合同登记编号：

技术服务合同书

项目名称：

委托方（甲方）：

服务方（乙方）：

签订地点：　　　　　省　　　　市（县）

签订日期：　　年　　月　　日

有效期限：　　年　　月　　日至　　年　　月　　日

填写说明

一、“合同登记编号”的填写方法：

合同登记编号为十四位，左起第一、二位为公历年代号，第三、四位为省、自治区、直辖市编码，第五、六位为地、市编号，第七、八位为合同登记点编号，第九至十四位为合同登记序号，以上编号不足位的补零。各地区编码按 GB2260－84 规定填写。（合同登记序号由各地区自行规定）

二、技术服务合同是指当事人一方以技术知识为另一方解决特定技术问题所订立的合同。技术服务合同中包括技术培训合同和技术中介合同。

技术培训合同是指当事人一方委托另一方对指定的专业技术人员进行特定项目的技术指导和专业训练所订立的合同。

技术培训合同是指当事人一方以知识、技术、经验和信息为另一方与第三方订立技术合同进行联系、介绍、组织工业化开发并对履行合同提供服务所订立的合同。

三、计划内项目应填写国务院部委、省、自治区、直辖市、计划单列市、地、市（县）级计划，不属于上述计划的项目比栏划“/”表示。

四、服务内容、方式和要求：

包括技术服务的特征、标的范围及效益情况；特定技术问题的难度、主要技术经济指标；具体的做法、手段、程序以及交付成果的形式。

属技术培训合同的，此条款填写培训内容和要求，以及培训计划、进度。

属技术中介合同，此条款填写中介内容和要求。

五、工作条件和协作事项：

包括甲方为乙方提供的资料、文件及其他条件，双方协作的具体事项。

属技术培训合同，此条款填写培训所需必要场地、设施和试验条件，以及当事人各方应当的定提供和管理有关场地、设施和试验条件的责任。

六、其他：

合同如果是通过中介机构介绍签订的，应将中介合同作为本合同的附件。如果双方当事人约定定金、财产抵押担保的，应将给付定金、财产抵押及担保手续的复印件作为本合同的附件。

七、委托代理人签订本合同书时，应出具委托证书。

八、本合同书中，凡是当事人约定认为无需填写的条款，在该条款填写的空白处划“/”表示。

依据《中华人民共和国合同法》的规定，合同双方就＿＿＿＿＿＿项目的技术服务（该项目属＿＿＿＿＿计划※），经协商一致，签订本合同。

一、※服务内容、方式和要求：

（属技术培训合同应当填写培训内容和要求、培训计划、进度，属技术中介合同在填写中介内容和要求）

二、※工作条件和协作事项：

三、履行期限、地点和方式：

四、验收标准和方式：

技术服务或者技术培训按________标准，采用________方式验收，由________方出具服务或者培训项目验收证明。

本合同服务项目的保证期为____。在保证期内发现服务质量缺陷的，服务方应当负责返工或者补救措施。但因委托方使用、保管不当引起的问题除外。

五、报酬及其支付方式：

（一）本项目报酬为（服务费或培训费）：__________元。

服务方完成专业技术工作，解决技术问题需要的经费，由__________方负担。

（二）本项目中介方活动经费为：________元，由________方负担。

中介方的报酬为：________元，由________方支付。

（三）支付方式（采用以下第____种方式）：

1. 一次总付：________元，时间：________

2. 分期支付：________元，时间：________

________元，时间：________

3. 其他方式：

六、违约金或者损失赔偿额的计算方法：

违反本合同约定，违约方应当按合同法有关规定承担违约责任。

（一）违反本合同第____条约定，____方应当承担违约责任，承担方式和违约金额如下：

（二）违反本合同第____条约定，____方应当承担违约责任，承担方式和违约金额如下：

（三）____________________

七、解决合同纠纷的方式：

执行本合同发生争议，由当事人双方协商解决。协商不成，双方同意由________仲裁委员会仲裁（当事人双方未在本合同中约定仲裁机构，事后又未达成书面仲裁协议的，可向人民法院起诉）。

八、※其他（含中介方权利及义务服务费及其支付方式、定金、财产抵押及担保等上述条款未尽事宜）：

注：（本合同书中标※号的条款按填写说明填写）

委托方（甲方）	名称（或姓名）			签章
	法定代表人	（签章）	委托代理人	签章
	联系人		（签章）	
	住所（通讯地址）			
	电话		电挂	
	开户银行			
	账号		邮政编码	
服务方（乙方）	名称（或姓名）			签章
	法定代表人	（签章）	委托代理人	签章
	联系人		（签章）	
	住所（通讯地址）			
	电话		电挂	
	开户银行			
	账号		邮政编码	
中介方	单位名称		（签章） 年 月 日	
	名称（或姓名）			签章
	法定代表人	（签章）	委托代理人	签章
	联系人		（签章）	
	住所（通讯地址）			
	电话		电挂	
	开户银行			
	账号		邮政编码	

第七节 科技协议书的写作

一、科技协议书概述

科技协议书是以科学技术事宜为内容的由当事双方或多方签订的一种具有法律意义的契约。签订协议是严肃的法律行为，协议一旦签订，便要求签订各方严格遵守；没有充分的必要的理由，不得改动或废止。

协议，在性质上和合同是一样的，只是协议的条款比起合同来可以定得原则一些。签订协议的双方通过谈判协商取得一致的意见后，双方在原则性问题上都要受协议的约束，只能有一定的机动余地。但是，也有协议代替合同使用的。只要双方都同意使用，内容又符合合同的要求，用协议的名称代替合同，是无关紧要的。协议在写作上可以参照合同的写法。

签订技协议书的好处，不仅仅是在经济方面有明确的责任，而且对科研工作本身也起促进作用。协议规定了研究工作的进度，时间性很强，是一种无形的压力，督促协议双方严格按协议的进度去工作，计划性加强了，每一阶段的奋斗目标清楚了，从而提高了工作效率。

同时，为了签好协议，双方在协商讨论的时候，就必须对本协议的科研课题进行全面的讨论，该课题的难点，关键点必须十分清楚，才能使协议订得合理可行。这一工作虽然是为签订协议而进行的，但同时也有利于研究工作本身，因为双方对尚未开始的研究课题有了深刻统一的理解，对研究结果有了切合实际的估计，对科研工作本身当然有所帮助。

科技协议书的签订，需按一定的程序进行。最初，双方协商应做的事情和要求，尤其是科技进展中可能遇到的难点，关键点，要有充分的考虑和协商；取得一致意见之后，再把商定的各项写成协议草稿；然后反复讨论几次，进行补充、修改，再将修订稿送双方领导，待批准后按所需份数，誊写或印刷，最后双方签名盖章。

协议签订后必须尽快报有关部门鉴证。否则，即使双方签字、盖章，但在法律上无效，发生纠纷时，仲裁机关不予受理。

协议签订后，必须严格按照协议条款执行。如果有一方违背，另一方可申请调解和仲裁，也可以向法院起诉。

二、科技协议书的种类

科技协议书的种类很多，主要有以下几种：

1. 科技协议书
2. 科技产品试制协议书
3. 科技成果推广协议书
4. 技术转让协议书
5. 技术咨询服务协议书

协议书和合同书在性质、作用、意义和写法上都有其相同之处。有时人们把“新产品合同书”称为“新产品协议书”，或把“新产品协议书”称为“新产品合同书”。严格地说，合同书和协议书是有区别的。协议书中的项目比合同书要多，内容则不如合同书具体，比合同订得原则一些。协议书对签订的双方既有约束作用（在原则性问题方面），又有一定的机动余地。因此，有时双方先签订一个比较原则的协议书，然后具体制定执行合同书；或者在订立合同之后，经适当时间的补充或修订，解除或延长合同的有效期限等，都可以利用协议书做出补充协议。

三、科技协议书的内容

科技协议书的内容大体有如下四项：

（一）标的

这是签约各方履行义务、享有权利所涉及的物质对象，也即签约各方要求实现的最终结果。它是协议的中心内容。这里必须写明事项、数量、质量、技术要求等，凡协议履行后最终应达到的各项指标均应写明，不得遗漏。

（二）责任

签约各方必须明确各自应履行的义务与所承担的责任，不但协作协议需要写明，就是服务协议也需写清各方的义务与责任。例如，设计服务，甲方就应向乙方提供必要的设计依据与要求，否则，乙方难以完成甲方委托的设计项目。

（三）期限

协议中应明确规定执行的有效时间，以确保协议结果的顺利实现。若干日，或几个月，或几年，不可模糊笼统，过于抽象，以免对工作造成损失。协议所载期限一定要具体，就是期限长的，也应分成几个阶段，注明各个阶段内应完成的项目。

（四）公证

为保证协议的切实执行，协议各方认为必要时，可在签约后到具有法律公证权限的公证机关公证，经过公证之后，协议便具有了法律效力。

《合同法》中明确规定了科技协议的内容，根据这些规定，结合实际工作中的协议情况，科技协议书的结构形式即格式可分为如下几个部分：

1. 标题

一般主要写明协议的性质，必要时，可对协议的内容加以简要的限定。如“科研协议书”。也有将单位名称、研究项目名称和协议性质三者合在一起命题的。如：

××灯泡厂/中国××科技大学关于联合试制履带式自动吹泡机的协议书

或写成：

立协议书人

××灯泡厂（称甲方）

中国××科技大学（称乙方）

2. 正文

(1) 科研项目的名称。

(2) 双方单位的全称，不能写简称。一般来说，委托单位简称甲方，受委托单位即承接单位简称乙方。

(3) 签订协议书的原由。

(4) 双方议定的条款：

协议的主要内容和技术经济要求；

协作的方式，双方各自承担的任务和应负的责任；

研究工作进行的方式和进度，以及每一阶段的要求；

研究经费和物资概算、付款方式、付款时间；

奖励和赔偿；

协议的有限期限；

协议内容及其他事项；

正文和副本的份数、保存方法、报送单位的名称。

3. 结尾

包括双方单位的全称、签字人姓名，并加盖单位公章。有时还要加上双方单位的联系人姓名、电话号码、开户银行及账号。

4. 日期

签订协议的时间，一般以双方单位领导批准时间中后一位批准的时间为协议发文时间，但不一定是协议有效期限的起始时间。

除上述各项外，协议还应当分类编号，以便归档保存。

四、科技协议书的写作要求

1. 标题。标题应具体、醒目，写明协议的性质。

2. 立约单位。立约双方单位必须写明全称。

3. 文本。协议文本应视立约内容不同而各异，但一般应包括：

(1) 委托单位的要求；

(2) 受托单位的要求，即委托单位所应提供的前提条件；

(3) 交付、验收的时间、地点、方式及各自应承担的责任；

(4) 价款与酬金的规定与计算方式；

(5) 违约责任。

4. 其他。如期限、公证机关举证、协议份数与保证情况、上报情况等。

5. 签署。立约各方签字、盖章，当事人签字（或盖章），并写清电话号码、电报挂号、银行账号等。

具备了以上这些，才可称一个完整的科技协议书。懂得以上的结构，才能写好科技协议书。

我们知道了协议书的内容和结构，在写科技协议书时还应注意以下几个问题：

(1) 签订协议书应慎重。确定协议书的内容是关键一步，这在签订前的协商阶段和在协商后起草协议书时都应该重视。

(2) 协商要做到细致明确。双方（或各方）合作涉及的一系列问题，都要充分交换意见，不能有疏漏；确实取得了明确的一致意见后，才能订立协议书。

(3) 签订协议书要符合国家法律要求，保证双方自愿互利。

(4) 协议书规定的权利、义务要明确，内容要具体，措施要实际。协议书一经签订，就具有法律赋予的约束力，任何一方不履行就要受到相应的制裁，承担经济和法律责任。

(5) 协议书至少一式两份，双方各执一份；必要时须一式多份，交有关部门备案。

(6) 附件要附在协议正文之后，并在正文中写明附件的件数、页数。

(7) 临时拟写，各份内容必须完全相同，可在上面做上共同标记。几份齐缝处要写上“××协议书”字样。关键的数字要使用大写“壹、贰、叁、肆…”。任何地方如有改动，必须在改动的地方加盖公章。

五、例文简析

科研协议书

××市橡胶厂

中国××科技大学

为共同协作解决××市橡胶厂帘布复胶厚度自动测量显示、自动调整控制这一研制课题，双方订立协议如下：

一、课题的目的、要求：

帘布复胶厚度自动测量显示、自动调整控制是××市橡胶厂生产实际中迫切需要解决的科研课题之一，也是在化工系统内橡胶、胶卷等许多行业有实际推广价值的重大科研项目，双方本着科研为生产服务，为加速发展国民经济的原则，一致协议，共同承担这一研制课题。要求在协议生效后一年半投入使用。

二、实现途径：初步方案和主要技术指标。

经中国××科技大学有关领导、教师在××市橡胶厂实地调研考察，与××市橡胶厂领导、技术人员、工人等进行了详细讨论，提出了以下的初步方案和主要技术指标要求：

1. 初步方案：

以现有放射性同位素测厚探头作为自动测厚的基础，在半年内调研、试验全套厚度显示，控制线路，然后进行现场试验，共同确定最后实施方案。

2. 主要技术指标要求：

(1) 初仪每10秒钟给出厚度平均值显示，便于操作工人监测。

(2) 厚度超过工艺要求时，给出超差控制信号。偏厚、偏薄分别予以控制。

(3) 控制信号启动滚筒间隙调整电机，每次控制微动量0.02～0.03毫米。

(4) 在联机试验中，要求解决通过窗布接头时，自动控制不动作，解决干扰问题。

(5) 仪表工作性能要求稳定可靠，操作方便。

(6) 以上确定的各项技术指标作为试验的数据，现场试验时根据实际工艺要求需要再予调整。

三、协作分工：

1. 双方必须密切协作，齐心协力，共同配合，完成任务。各方组织必要的人员，共同组织课题协作组。

2. 中国××科技大学主要负责自动控制的技术方案，研制并提供自动控制主机，除在本校作必要试验、调整外，要组织人力、物力来厂做现场试验，结合生产实际，解决问题。

3. ××市橡胶厂主要负责现场联机试验，提供现有测厚仪灵敏度响应数据，控制电机脉冲数据，屏蔽壳设计制作和现场安装等工作，必要时，也派人去中国××科技大学参与共同研制，了解全过程。

四、时间进度：

1. 协议生效后半年内，要求××科技大学完成电子电路设计试验，提供现场试验线路。要求××市橡胶厂完成现有测厚仪灵敏度响应和提供控制电机脉冲驱动数据。

2. 用三个半月的时间进行现场试验，进一步改进试验线路和进行样机设计，要求××科大来人与××市橡胶厂在现场共同试验、工作。

3. 从第十个月开始：完善工艺，制作样机，××市橡胶厂完成仪器屏蔽壳设计和制作，以及控制电装置安装工作。

4. 第十四个月开始：共同进行调试和现场安装试验。选择两台样机留厂运行，一台样机留科大继续最后改进试验和完善全套技术资料，为鉴定作技术准备。

五、经费来源：

1. 双方共同申报，提请化工部拨款伍拾万元人民币、伍万外汇作为科研试验费，双方再按任务分工合理分配。

2. 在部经费下达以前，××市橡胶厂先垫款叁拾万元给中国××科技大学，负责采购元件，试制整机，最后向××市橡胶厂提供自动控制样机。

六、双方应积极创造条件，保证该项目试验和生产应用的成功，双方必须按期完成，不能半途而废，否则各方应承担经济责任。

七、因帘布复胶自动控制投入正常生产具有推广意义，对该技术项目资料，各方不得随意向第三方提供。确需提供时，需双方共同协商确定转让技术的一些问题。

八、项目投入生产以后，中国××科技大学应把有关技术数据和图纸供给××市橡胶厂，以便有利维修工作的进行。

九、本协议经双方领导机关盖章鉴证生效。

十、其他未尽事宜，可由双方进一步商订补充协议。

中国××科技大学　　××市橡胶厂（公章）

××××年×月×日

简析：该协议书的标题，采用了一般的简单标法，即"科研协议书"。正文的第一句是"导言"，这段"导言"写明了协议的单位名称和共同协作所解决的课题项目名称，是签订本协议的原由。正文议定的内容共写了十条，在第一条中，说明了本课题的"实际推广价值"，为双方共同奋斗树立了一个明确的目标。在第二条里，叙述"初步方案"，使参加协作的人员知道一个总体的行动步骤。第三条说的是双方分别应承担的具体任务。第四条写"时间进度"，既有什么时间应当完成什么任务，又写明了哪些任务是由哪一方来完成的，哪些是双方共同完成的。第五条是"经费来源"，写明了双方共同向化工部申请拨款和由厂方预先垫付部分用款的办法。第七、第八条所列内容，也很重要，若不写明，往往会在这些问题上发生争执或纠纷。

思考练习题

1. 简述合同的主要条款？
2. 技术合同一般包括哪几种？订立技术合同要遵循什么原则？
3. 技术开发合同的特点有哪些？
4. 什么是科技协议书？它与合同有哪些不同的地方？
5. 试述拟写科技协议书时应注意的几个问题。

第三章 科技计划和技术总结

第一节 科技计划的写作

一、计划概述

(一) 计划的概念

计划是对未来一定时期内,为达到某个目标或为完成某项任务,而于事前所做出的部署和安排,并且有一定规范性的书面文字。它包括制定计划的目的、依据,计划的内容,完成计划的步骤、时间、措施等项目。

计划是一个总称,人们通常所说的规划、方案、安排、打算、设想等同属计划。它们的区别主要体现在内容的详略和时限的长短上,一般说来,规划是带有全局性、长远性和方向性的计划;方案则是对某项工作,从目的要求、方式方法到具体步骤都做出全面部署与安排的计划,其特点是比较具体,方方面面都有所布置,有所要求;安排、打算是适用时间短、内容较具体,并偏重于工作步骤和方法的计划;设想是初步的、粗线条的、不太成熟的、提供参考的计划。科技计划,是为完成科研或生产任务而预先制定的书面文件,是计划的一种。

(二) 计划的作用

古人曰:"凡事预则立,不预则废。"由此可见,在很早以前人们就已经意识到计划的重要性了。计划指导行动,人们从事各种活动都应有个计划。计划一经制定,就为人们所公认,所使用,它是做好工作、完成任务的前提和保证。它的作用如下:

1. 导向作用

人们通过订计划以预示未来,明确目标,减少盲目,避免瞎干。计划可以使人们知道在一定时期内"做什么"、"怎样做"、"什么时候完成",对人们出色地完成各项工作起到导向作用。

2. 激励作用

计划一旦批准实行,就具有一定的约束性,重要计划还具有法律性,人们就得严格按计划办事。它对人们的工作起到督促作用,能调动全体成员的积极性与创造性,增强工作责任心和主动性,促使人们想方设法提高工作效率和质量,按期或提前完成计划。

3. 调控作用

计划在内容、时间、措施等方面的考虑和安排,一般都符合国家的大政方针,又适合于现实实际。尽管如此,可是客观情况错综复杂,千变万化,因此在计划的实施中,可能会出现新的情况,新的问题,这就需要适时调整,这就是计划的调控作用。

(三) 计划的分类

计划的应用范围十分广泛,种类也多种多样,按照不同的标准划分,就有不同的类别。

1. 按内容分,有科研计划、生产计划、教学计划、财务计划、工作计划、学习计划等。

2. 按性质分，有综合性计划和专题性计划等。

3. 按时间分，有年度计划、季度计划、月份计划；或长期计划、短期计划等。

4. 按范围分，有国家计划、部门计划、单位计划、科室计划、班组计划、个人计划等。

以上分类只是为了便于说明才分门别类的，在实际运用中往往是兼类的，应灵活运用。现较常用的是按计划的表达形式来划分，将计划分为：表格式计划、条文式计划、条文表格兼用式计划。分别介绍如下：

（1）表格式计划。这种形式的计划，就是计划中所提出的任务或指标、实施步骤、完成时间、消耗数量等，都可以在事先设计或印制的表格有关栏目里填写清楚。表格式计划一般适用于项目较多，而又互有一些共同特征，便于列表格表示的实践活动。其优点是篇幅短小、简明扼要、重点突出、对比性强。

（2）条文式计划。这种形式的计划，就是把计划的全部内容按照时间和性质分成若干部分，每一部分一个小内容，再在每一部分下面分条列项，逐条逐项说明计划的全部内容。这种形式的计划一般适用于任务大、内容多，要求详细的计划，也便于贯彻执行。

（3）条文表格兼用式计划。这种形式的计划，就是用条文形式叙述计划的同时，有些数据资料需要用表格形式加以表现，于是用条文加表格的形式来表达计划的全部内容。这种形式的计划多用于内容较复杂的计划，它兼有表格式计划和条文式计划的优点。

二、科技计划的制订

（一）科技计划的基本格式

科技计划的格式没有明文规定，形式多样，但不论采用哪种形式，一份科技计划，一般要由标题、正文、落款三部分组成。

1. 科技计划的标题

科技计划的标题主要表明制订科技计划的单位名称、适用时间、具体内容和科技计划名称。如：《××研究所2003年科研计划》，其中“××研究所”是制订计划的单位，“2003年”是计划适用时间，“科研”是计划内容，“计划”是名称。标题中也可以不出现制订单位名称或计划适用时间。如《2002年度教学改革计划》、《××省科学技术发展计划》。

如果该计划尚不够成熟，需要进一步征求意见进行修改，是征求意见稿或讨论稿，要在标题后用括号注明“草案”、“初稿”、“未定稿”、“初步计划”、“供讨论”等字样，以区别于正式科技计划。

2. 科技计划的正文

科技计划正文是其核心内容，这部分应写出为什么订这份科技计划，要做些什么，为什么去做，怎样去做，什么时候完成等。要写得具体明确，主次分明，条理清晰，言简意赅，以便执行。正文一般包括前言、主体、结尾三项。

（1）前言。又称序言、开头。主要说明制订科技计划的指导思想及依据，上级的要求，结合本单位实际，确定今后科研总的工作任务等。科技计划的前言一般写得言简意赅，写作计划的前言要灵活，应根据计划的内容、形式、范围来写作。如果是普通的、简要的科技计划，前言部分可省略，直接就写计划的主体部分。

（2）主体。主体是科技计划的重点，它包括的内容如下：

具体的目标、任务和要求。即“做什么”。因为制订科技计划的目的就是要实现科技目标，完成任务，达到要求。所以，在主体中首先要求提出明确的目标，任务所包含的内容和重要指标，而且这些任务和要求都要详尽具体，才便于落实执行，并且有些任务还有数量和质量上的要求等。

完成目标、任务的措施或步骤。即“怎样做”。当计划提出任务和要求后，实现它，这就需要相应的措施和办法。这一部分需详细地说明完成任务的具体措施、行动步骤、时间分配、人力物力财力安排等。

实施计划过程中的有关事项。这部分说明完成具体目标、任务的时间，即“什么时候完成”，有的还说明检查计划实施情况的方法，实施计划过程中的要求，修订计划的方法等。

(3) 结尾。即计划的结束语，常见的写法有三种：

重点、关键问题的收尾。即指出计划中的重点任务与实施关键，以利保证重点，全面完成任务。

强调有关注意事项收尾。即点出执行计划中可能出现的问题，着重防范，保证科技计划顺利实施。

提出号召、希望的收尾。即指出执行科技计划的有利条件和不利因素后，提出希望和号召，圆满地完成计划。

3. 科技计划的落款

落款包括制订科技计划的单位名称和日期，写在正文右下方。如果在科技计划的标题上已冠以单位名称，结尾就不必重复了。如需作为正式文件报发，还需按文件格式和发文程序，上报或下达计划，加盖公章。

此外，与科技计划有关的一些材料，在正文里不能一条条表达，可以在正文后面附表或附图说明。如果需要对科技计划中的事项加以解释或说明也可作附件置于文末。

(二) 制订科技计划的注意事项

1. 顾全大局，服从整体

任何一项计划的产生，都无法脱离一个真实、具体的环境。这个具体的环境由各种因素组成，其中党和国家的有关方针政策是极为重要的因素。因此，科技计划的制订和编写，必须正确处理好国家、组织、个人三者之间的关系，立足全面。这样，制订出来的计划，就能切合工作实际，充分发挥、调动各方面的积极性。

2. 从实际出发，实事求是

制订科技计划，一定要从实际出发，使之切实可行。科技计划的写作要反映实际情况及其发展规律。我们不能凭主观愿望和热情随意制订计划，应该从实际出发，认真科学地分析各方面的具体的实际情况，而不是从抽象的原则出发，要进行深入认真、系统、全面的调查研究；既考虑到有利的积极因素，又考虑到存在的困难；在充分估计群众的积极性和创造性的同时，又要适当留有余地，不搞空指标、假指标，不搞“一刀切”、“一窝蜂”。这样，才能保证既定的计划能顺利或超额完成。

3. 走群众路线，集思广益

制订科技计划尤其不能闭门造车，不能由课题负责人或主管部门主观臆想，而应广泛征求群众的意见，发动群众共同制订，集思广益。计划从群众中来，吸收群众的合理建议，调动群众的积极性，发挥群众的创造力，使计划建立在坚实的群众基础上。正像毛泽东说的：“从群众中集中起来，又到群众中坚持下去，以形成正确的领导意见。”这才是制订科技计划的正确方法。

4. 具体明确，突出重点

具体明确指的是科技计划的目的、任务、指标、措施、办法、步骤、负责单位或个人，都应写得具体、明确，切忌含糊不清、模棱两可、职责不明。重点突出指的是科技计划的内容，要根据主体、轻重来安排工作的程序，把中心工作和重点任务突出出来。一般来说，重要的工作应安排在前面，一般的工作安排在后面。

5. 审时度势，调整修改

科技计划在执行过程中，随时会出现新情况、新问题，我们要不断检查，根据变化情况及时进行调查，经慎重考虑，及时调整、修改，使科技计划在实施过程中不断完善。

三、例文简析

例文一：

广西创新计划科技中介服务周活动安排

一、主题：诚信架金桥　创新促转化

二、目的：通过创新计划科技中介服务周展示科技中介服务机构的服务项目、服务内容、服务方式和服务品牌，总结交流全区科技中介服务工作的成效与经验，让全社会广泛了解科技中介服务的宗旨、内容、意义、工作成效及进展情况，进一步推进全区科技中介服务工作的开展，为产品创新搭建技术、知识传输的桥梁，疏通技术、成果供求的渠道，促进科技成果的转移、转化，通过服务实现抓源泉、疏渠道。

三、内容：展示能力，联通供求，合作集成，服务经济。

主要包括以下具体活动内容：

（一）召开全区科技中介工作会议

1. 会议主题：交流情况，总结经验，宣传典型，落实任务，推进工作。

2. 会议内容：

（1）邀请科技部有关领导做专题讲话。

（2）邀请科技中介服务中心同志介绍经验。

（3）区科技厅领导作全区科技中介服务工作主题报告。

（4）自治区政府领导讲话。

3. 会议形式：采用视讯会议的形式。

4. 会议时间和地点：2002 年 8 月 14 日，会期 1 天。主会场设在区科技厅视讯会议中心，各分会场设在各地（市）、部分县科技局视讯会议室。

5. 参加会议单位和人员：各地市县分管领导、科技局负责人，高校、科研院所有关负责人，高新区、现代农业示范园区有关负责人，科技中介机构的代表和部分企业、示范户代表。

（二）举办广西创新计划新技术新成果展览交易推介会

1. 综合服务馆

以图片、文字、声像、设置服务台等形式，集中展示各科技中介服务机构的服务项目、服务内容、服务品牌和服务成效，并提供现场中介服务。

2. 两高一优农业及现代农业园区建设中介服务专馆

设立若干个现代农业技术成果展台，宣传展示两高一优及现代农业的技术、装备和产品，推介项目、推介成果、推介装备，组织供需双方进行洽谈、对接、签约。

主要内容：

(1) 农业生物技术成果。包括作物的组培快繁、生物肥料、生物农药、生长调节剂、动植物新品种、农产品精深加工、生物资源保护利用等技术及装备。

(2) 农业信息技术成果。以展示电脑农业专家系统为主，展示水稻、玉米、水果、水产、畜牧等13个农业种、养系统技术成果，展示广西科技信息网信息服务体系、易通农网的信息资源及网络信息平台、国家级星火计划农村信息化项目等。

(3) 无公害蔬菜技术成果。选择3—4家无公害蔬菜基地展销蔬菜，开展无公害基地建设的技术咨询，现场进行农药残留的检测演示。

(4) 现代农业园区技术成果。包括现代农业装备及农用物资、农业新品种、现代农业新技术、现代农业资讯服务。

3. 促进信息化中介服务专馆

设立若干个信息技术成果平台，展示信息化技术、装备及产品，推介项目、推介成果、推介装备，组织供需双方进行洽谈、对接、签约。

主要内容：

(1) 城市数字化建设技术成果。包括公用基础信息平台、城市数字化系统及设备、信息安全建设、电子政务建设、社会公共服务和公益事务信息化建设、公共数据库建设和信息资源开发、服务业信息化。

(2) 企业信息化建设技术成果。包括全区6家制造业信息化服务中心服务项目、服务内容、特色品牌及工作成效，制造业信息化软件产品。

4. 专利专馆。包括宣传、展示50项以上专利技术、专利产品等

5. 制糖、建材及农产品加工新技术装备专馆

(1) 制糖：展出澳大利亚糖业研究所的压榨自动化系统、糖汁快速沉淀澄清系统、糖浆上浮澄清系统、连续真空蒸发罐，国内糖业机械制造厂的先进制糖新设备。

(2) 建材：展出国内先进的水泥生产技术、装备等。

(3) 农产品加工：展示农产品深加工、水果保鲜等方面的设备。

(三) 开展各类科技中介服务专项专题活动

1. 现代农业技术成果中介服务专项活动。

2. 促进信息化中介服务活动。

3. 专利技术中介服务活动。

4. 制糖、建材新技术装备推介活动。

5. 科技项目服务活动。

6. 科技金桥行动电视特别节目。

7. 其他相关活动：

(1) 广西博士企业行。

(2) 全区技术经纪人业务交流研讨会。

(3) 全区技术产权交易及科技企业融资培训班。

(4) 广西民营科技促进会第一次筹备大会。

要求各地市组织包装推介技术及产品，广泛征集、包装推介技术及项目需求；组织当地企

业、现代农业园区、科技示范户、种养大户等参与推介、对接、洽谈、签约等服务周各项活动。

四、进度安排。

1. 7月15日前　　制定"服务周"实施方案

2. 7月15日　　下发"服务周"正式通知

3. 8月12日前　　确定展示项目、专馆布展方案

4. 8月12日　　展交推介会布展

5. 8月14日　　广西科技中介工作会暨服务周开幕

6. 8月15日　　展交推介会开幕

7. 8月15～19日　　展览交易推介会及各专项专题活动

8. 8月19日下午　　服务周闭幕

简析：这是一份短期内的工作安排。安排是计划的一个别称，它适用时间短、内容较具体，并偏重于工作步骤和方法的计划。该计划正文部分采用条文的形式按主次、轻重把中介服务周所要组织的活动罗列出来，然后再详细地具体地指出每项活动的任务、目标、要求以及措施和步骤，同时在时间的分配和人力物力等方面都做了安排。

该计划的显明的特点是内容具体明确、主次分明、条理清晰、言简意明，便于执行。

例文二：

××学校2001年下半年科研计划

课题名称	研究目的及意义	课题来源、理论依据及保证条件	研究内容	研究方法及手段	主要承担人	起止时间	备注
关于对《义务教育课程标准实验课本》的内容、特点及教学方法的研究	通过对此课题的研究，进一步探讨本实验教材内容编排的合理性与科学性。同时验证其综合性、科学性、时代性、趣味性等特点。同时研究适应新时代教育要求的新型教学方法。为教材的进一步修改与推广提供可靠的、有价值的实践经验与理论	课题来源：根据对《义务教育课程标准实验教材》的使用，从而确立此课题 理论依据：依据《新课程标准》的理论和具体要求 保证条件：学校浓厚的科研氛围，教师对实验的信心，学生对新事物、新知识的渴求心理	主要研究的内容有：1. 实验教材内容的调整，体现教学的多元化。2. 各科课程的融合与沟通。3. 对自主、合作、探究等学习方式的研究。对以上内容的研究意在进一步验证教材内容安排的科学性，及其突出的特点。为教材的进一步修改与推广提供可靠资料	1. 结合课堂教学围绕科研课题，研究在教学中遇到的各种情况，写出情况分析，提出解决方法或自己的会等。2. 对研究的内容进行组内研讨，共同商讨，写出研讨结果，进漏报行汇报。3. 通过对学生的研究，探讨教材在适应学生全面发展方面的特点，写出对教材使用过程中的体会	苏春梅 韩雪佳 孙永妍	2001年9月至2001年12月	

简析：这是一份表格式计划，它的标题由制订计划的单位名称、计划适用时间和计划的种类构成。计划的正文部分以表格的形式出现，将计划所涉及的内容填在预先设计的表格中。这份计划的特点是篇幅短小、简明扼要、重点突出、条理清晰，使人一目了然。

第二节　技术总结的写作

一、技术总结概述

（一）总结的概念

如果说计划是对未来的展望与构想，那么总结则是对过去的回顾与思考。具体而言，对前一阶段或一定时期内的工作进行的一种全面、系统的回顾性分析研究，把零碎的、肤浅的和表面的感性认识，上升到全面的、深刻的和系统的理性认识，找出本质和规律，把这种回顾性的分析研究写成书面材料，就叫总结。人们通常所说的小结、体会、认识也属总结。

技术总结是总结在科技领域延伸的一个分支。它主要是对某一课题研究后，把取得的成绩、经验以及存在的问题、今后的要求、改进的措施等，以书面形式反映出来的文字材料。

（二）总结的特点

在众多的科技应用文中，技术总结是使用频率较高的一种。要写好技术总结，应掌握其如下基本特点：

1. 实践性。客观规律是通过"实践——认识——再实践——再认识"而获取的，只有发挥主观能动性，投身工作实践，不断总结，才会求得发展。所以说总结是自身实践的本质反映，它的对象是自身的工作，它的内容应当完全忠实于自身的实践活动。总结来自实践，它的观点是从自身实践活动中抽象出来的认识和规律。

2. 业务性。总结一般是本单位、本部门、本系统的人所共同关心的问题。它的业务性、技术性比较强，技术总结尤其如此，否则就"空"了。但"务实"和"务虚"必须结合，要有明确的指导思想、确实的材料。

3. 证明性。总结要用自身实践活动中的真实的、典型的材料，来证明它所提出的各个判断的正确性。

4. 理论性。写总结虽然要以事实为基础，但还需提到理论的高度，即不仅要说出"是什么"，还要阐明"为什么"和"怎么办"。要分析，从中总结出一些新鲜的独到的而又有指导意义的东西。

5. 指导性。总结是人们对前一段工作实践的回顾，无论经验还是教训，都是为了指导今后的实践，便于今后更好地工作。

（三）总结的作用

总结无论对集体，还是个人都很重要的，它是人们深化认识的一个必经之路。它的作用如下：

1. 可以全面、系统地了解工作的情况，从成功中获得经验，从错误或失败中吸取教训，从而改进工作，把工作推进到一个新的更高的阶段。

2. 从科技工作实践中找出工作规律与事物发展规律，把这些规律系统地记载下来，传播下去，并在今后科技工作中运用这些规律。

3. 通过总结可以使人们提高认识，增长才干，提高组织能力，领导水平，使人们形成理论联系实际的工作作风，培养更多理论与实践相结合的有实践经验与实际工作能力的人才。

4. 通过总结，可以让本项工作实践着的每个人从全局上了解自己工作的情况和意义。

通过批评表扬、扶正祛邪，可以教育鼓舞群众，调动群众的积极性。

（四）总结的分类

与计划大致相同，从不同的角度，总结也可以分为不同的类别。

1. 按内容分，可分为：科研总结、工作总结、生产总结、教学总结、财务总结、学习总结等。

2. 按性质分，可分为：综合性总结和专题性总结等。

3. 按时间分，可分为：年度总结、季度总结、月份总结等。

4. 按范围分，可分为：单位总结、部门总结、个人总结等。

（五）总结的写作要求

1. 明确性质，抓住重点。写一篇总结，动笔之前，要首先弄清它的性质，是工作总结，还是思想总结；是综合性总结，还是专题性总结等。其次，还要进一步弄清它的目的。目的不同，内容的侧重点也就不同。

2. 一分为二，实事求是。运用一分为二的观点，对工作进行全面客观的评价，恰当地指出成绩与缺点，褒不溢美，贬不加毁。总结成绩反映问题要实事求是，有什么写什么，杜绝一切虚假现象，不能只报喜不报忧，不要避重就轻，特别在归纳经验时不能硬拔高观点。

3. 全面评价，有所侧重。写总结时，看问题要全面，评价要恰如其分。同时要根据写作目的和总结的不同性质，内容有所侧重，切忌贪大求全，眉毛胡子一把抓，不能不分主次，不分详略。

4. 条理清楚，用语准确。总结主要不是供自己看的，有的总结是向上级汇报的；有的是向同级单位介绍经验的；有的是向下级报告工作的。因此眉目一定要清楚，层次要分清，条目不宜太多，让人一目了然。文字要尽量简明，忌重复，累赘、笼统和夸饰。

二、总结的写法与格式

（一）总结的一般写法

总结一般由标题、正文、落款三部分组成。

1. 标题。常见有三种写法：

（1）由“单位名称、时间期限、总结种类”构成。如：《××系 2001 年下半年科研成果总结》

（2）类似一般文章标题的写法。这类标题多用于经验总结。如：《巩固责任制　发展新农业》

（3）正副标题的写法。正题概括总结内容；副题标明单位名称、时间期限、总结种类等。如：《加速提高学生的读写能力——××师大附中语文教改小结》

2. 正文。常见的写法如下：

（1）条文式：将总结的内容按性质和主次轻重逐条排列，行文简要，眉目清晰。

（2）小标题式：将总结的内容概括成若干个小标题，分别加以阐述。

（3）全文贯通式：是为了使行文前后相连，既不再列一、二、三条目，也不再分小标题，而是围绕主题，按照事物发展的全过程，把事物的因果、成绩、做法、经验、体会糅合在一起写，结构显得紧凑严谨。

3. 落款。包括总结的单位名称和日期。

（二）技术总结的格式

1. 标题。技术总结的标题，一般写出该技术的名称、研究单位、研究时间。如：《××大学化学系 1995 年环氧烷烃开环聚合新催化剂研究工作总结》。有些技术总结，有一张封面，标有总结名称、研制单位、撰稿人及年、月、日等。

2. 正文。这是技术总结的中心，其内容如下：

（1）基本情况概述。这一部分要简要地介绍工作的基本情况、过程和结果，即交代在什么情况下，做了什么工作，取得了哪些成效等，给人一个总的印象。具体写作时可以从以下角度入笔：扼要交代工作进行的时间和背景；用三言两语提炼出主要体会；说明总结的动因及其必要性。

（2）成绩和缺点。这一部分讲工作成效。要具体写明成绩有多大，表现在哪些方面，是怎样取得的；缺点有多少，表现在哪些方面，是什么性质的，怎样产生的。这部分写作时要有事实，要掌握好分寸尺度，不可过分。

（3）经验和教训。这一部分是总结的重点和中心，也是总结的主要目的之所在。总结的成功与否，往往取决于此。在实际写作中，如果主要写经验，工作中又无明显的差错，则可把失误与教训放在成绩与经验之后附带几笔，或与今后的设想安排合起来写；如果主要写失误与教训，则可把成绩放在基本情况中简要说明。这一部分要求把感性认识上升到理性的高度，做到虚实结合。

（4）设想和安排。这是今后工作的努力方向。这部分是在总结经验教训基础上，针对工作中的实际问题，提出改进措施，今后的打算，或说明工作趋势，提出新目标，从而明确努力的方向，起到增强信心，鼓舞士气的作用。

3. 署名和日期。一般在正文右下方写明技术总结的单位和日期，也可以在标题下署名，署名要写全称。如果标题中有了单位名称，可以不再署名。日期写在署名之下，另起一行。

（三）技术总结的方法

1. 正确的指导思想

技术总结主要是检查贯彻党的方针政策，特别是科技政策，检查完成任务的情况，离开党的方针政策，离开了实践是检验真理的惟一标准的原则，检查就不能深入，总结也不正确。因此，无论是个人还是单位的总结，都必须熟悉党和国家的方针、政策。只有这样，提出问题、分析问题才能提到应有的高度。

2. 上下结合，走群众路线

"从群众中来，到群众中去"，只有这样，才能集中群众的智慧和经验，才能丰富总结的内容，真实地反映工作的实际情况。

3. 实事求是，不搞虚假

技术总结尤其要坚持实事求是，要做到既报喜，又报忧。既不夸大成绩和经验，也不缩小不足和教训，以真实反映实际的原则去总结。任何因人为的需要凭空杜撰，肆意夸张的做法，都是有百害而无一利的。

4. 确定中心，突出经验教训

技术总结要反映事物的本质，要将大家分析研究的结果写出来，要把握住重点和中心。这就要求不要面面俱到，面对众多的材料要进行分析综合，要选取最典型、有代表性，能反映问题本质的材料，选取能够为中心服务的材料。技术总结要选择有政治意义、经济效益明显或技术关键的重点问题。

5. 编写总结的提纲

在写总结之前，首先要编写提纲，提纲中要明确总结中所要涉及的问题，并且要注明哪些是主要问题，哪些是次要问题。

6. 写作中的注意事项

写总结要求讲究写作方法，注意层次清晰，条理清楚，文字简洁，剪裁得当，去伪存真，去粗取精。

7. 反复修改，慎重定稿

总结初稿写出后，还要反复修改、增删，慎重定稿。

三、科技计划与技术总结的关系

联系：科技计划是技术总结的前提和基础，技术总结是科技计划的检验和结果，两者相辅相成，相得益彰，缺一不可。

区别：从时间上看，计划是“事”前行文，总结是“事”后行文。从内容上看，科技计划的内容是指完成一定的科研或生产任务规定的步骤、方法和措施，技术总结则是对一定阶段的科技计划执行情况的分析和评价。从回答的问题上看，计划所要回答的问题是“做什么”、“怎样做”、“何时成”，总结则是要回答“已经做了什么”、“做得怎样”的问题。从表达方式上看，科技计划主要运用的表达方式是说明，技术总结则是综合运用说明和议论。

四、例文简析

资环系1999年度科技工作总结

按照学院1999年科技工作重点精神，在院领导及主管部门的直接领导下，根据我系具体情况，1999年主要从以下几方面抓好我系的科技工作。

一、发挥优势、强化管理、促进我系科技工作向前发展

如何进一步发挥地质传统学科优势，同时推进环境新学科的发展，使我系科技工作上一个新台阶，达到保持我系科技工作在全院的优势地位，系领导班子多次召开会议，广泛听取了他们对我系科技工作的意见和建议。在此基础上，制订出台了有关加强科技管理工作方面的三个办法，一是资环系科研发展基金的使用管理办法，第二是资环系兼职、流动科研人员的管理办法，第三是资环系中青年学术骨干培养计划，在这些管理办法中采取了多项措施去激励大家的科研工作积极性。具体办法如下：

1. 设立科研揽题资助费，主要用于我系没有科研课题的教学人员外出承揽科研项目所必需的差旅费，根据本人提出申请，酌情予以考虑资助。

2. 设立科研工作起动资助费，主要资助无项目的重点学科和主要中青年技术骨干，资助额度1至5千元，由申请人向系里提出课题立项报告书，由有关专家评审通过后予以资助。本年度已有张明华等四名青年教师获得首批资助，

3. 设立学术论文、学术专著出版资助费，资助无项目的在全国重要期刊上发表论文的作者。资助正式出版社出版的专著。本年度已有三篇论文两本专著得到资助，

4. 设立参加学术会议资助费，资助无项目而又必须要去参加的全国性学术会议的大会

发言人，本年度已有四个全国性、两个省级会议共八人次得到资助，

5. 设立各教研室开展科技活动的活动经费，每个教研室按1000元基数资助，

6. 在制订了资环系学术骨干培养计划后，设立了系学术骨干培养基金，经系学术委员会严格评审，选拔出曹长春、蓝俊康、孔蓓、廖雷等四名青年教师为我系首批系学术骨干培养对象。另对院中青年学术骨干也相应给予配套资助，

7. 为鼓励全系教师去争取获得各种科技成果奖，起动资环系科技成果匹配奖，本年度已有五人获得科技成果匹配奖，

8. 为表彰对我系科技工作做出贡献的教师，设立了资环系优秀科技工作者奖，本年度刘家远、杨国清、宋慈安、陈雨道等四位老师获得资环系优秀科技工作者奖。

以上科技管理办法的出台，广泛地调动了全系教师的科研积极性，推动了我系科研工作向前发展，也营造了浓郁的科研气氛。

二、狠抓了1999年度科研项目的立项和申报及揽题命中率，拓宽了立项揽题面，具体采取了如下措施

1. 年初召开了科研、教学人员骨干会议，畅谈1999年科研工作的主攻方向，讨论怎样做好1999年各自的科研工作，并要求各教研室制定出1999年科研工作计划。

2. 采取主动出击、广泛联系、出点子、找信息、加压力层层落实到每个人抓立项，抓项目的申报工作，经过努力全系向有关部门揽题及申报项目30余项，到年底有25项得到落实。

3. 加强了与地方环保部门、企事业单位的横向联系，使我系的环境学科在1999年立项中获得了好的收获，到1999年底为止，有6个治理环境方面的项目已经起动。在地学方面加强了与各地矿山及地矿部门联系，1999年共向20余个矿山发出揽题宣传材料20份，到目前为止，已有几个矿山作了可进一步商谈回答，预计2000年内蒙、青海、广西等省区有关矿山和地质部门将会有项目进入到我系。

4. 通过与中国有色工业局紧密联系，得到中色局地质总局继续支持，保证了年初提出的在中色局地质总局申请到项目计划的落实。预计2000年同样有可能获得项目。

5. 利用参加各种学术会议机会，广泛宣传我系的科研实力，扩大了影响；为科研立项揽题打下了良好基础。

6. 把有一定科研能力的退休老教师请出来，给一定科研起动费，发挥他们的科研工作能力和揽题作用。

7. 组织全系科研教学人员编写好国家“十五”科技攻关项目的论证书，上报到有关部门，为我们进入“十·五”立项打下基础。

三、科研立项、科研到位经费超额完成了年初所拟定任务

经过采取有力措施，明确了奋斗目标，又有了良好的科研氛围，全系老师主动参加科研工作的积极性也活跃起来，大家都能主动出击想办法，拓宽揽题渠道，从各方面去争取科研项目，经全系老师的共同努力，我系1999年在研项目达38项，占全院在研项目的50%，新增项目本年度有新的突破，全系共新增项目25项，占全院新增项目的50%，科研合同经费超200万余元，根据科技处提供的数据，1999年我系科研实际到位经费是150万元，占全院科研到位经费的近50%，各项指标已超额完成年初所拟定的任务，继续保持了我系科研工作在全院的优势地位。

四、在完成科研项目的同时，强调了抓科研成果鉴定评审的重要性

系里已请示中国有色工业局、广西科技厅联合组织专家组对我系在“八·五”、“九·五”期间完成的一批科研项目进行鉴定评审，通过抓项目鉴定评审，我系科技成果达到了规范化管理，也给研究人员提供了申请科技进步奖的有利机会，同时促进了每位科技工作者更加认真去对待所承担的项目，提高了我系的科研质量和科研水平。

五、在学术成果鉴定发表及科技成果获奖方面

我系1999年度共发表学术论文52篇，其中国外发表4篇，核心期刊12篇，出版专著2部，参加学术会议29人次，其中国际会议4人次，全国会议12人次，省级会议13人次。有2人获得广西高校科技进步二等奖，三人获得广西高校科技进步三等奖，有8人获得学院发表学术成果奖，4人获得系优秀科技工作者奖，6人获得系优秀论文奖。

六、成功召开了1999年度系科研年会

本次年会共收到学术论文50篇，在学术年会上刘家远、宋慈安、雷林源、张良矩、刘康怀、陈余道等6位老师作了高水平的学术报告，收到了很好学术交流效果，在提交的50篇论文中经过严格评选，选出了6篇系优秀论文，获得系优秀论文的作者分别是单娜琳、林锦福、蓝俊康、胡云沪、李金诚、王丽华，另外，从这50篇论文中又选出20篇交学报编辑部，从系科研发展基金中资助两万元出版增刊，为青年教师提供发表学术论文的机会，同时也扩大我系的影响。

七、1999年全系38个在研项目经期中检查全部在按计划正常进行

特别是刘家远教授负责的国家305项目，新疆阿尔曼太—双峰山一带金、铜找矿评价课题，取得了良好找矿效果，一直得到国家305项目办高度重视和评价，巩固了我们在国家305项目中地位，为保证“九·五”课题向“十·五”进军打下了良好基础。

由我系承担的中色工业局项目，桂北地区金矿找矿研究课题也取得很好的找矿效果。由宋慈安老师负责的广西姑婆山花岗岩西南缘矽卡岩风化壳含金特征及找矿预测子题，取得了突破性进展，在提交给中色工业局1999年度工作报告后受到中色工业局地质总局好评。

由宋慈安老师主持的甘肃北山戈壁景观条件下生物地球化学找矿研究课题，也取得了骄人的成绩，得到了甘肃有色勘查局的高度评价，为我们在西北戈壁覆盖区的找矿工作创出了一条新路。

在其他项目的研究工作过程中也涌现出象雷良其、钱建平、程志平、张学洪、解庆林、陈雨道等一批能打硬战的中青年科研骨干，他们为了搞好研究课题，利用暑假时间，战斗在戈壁荒原、崇山峻岭之中，忍受着高温酷暑，蚊叮虫咬，在非常困难的条件下，出色完成了每个项目的野外工作，有了这样一批不怕任何艰难困苦的科研主力，我系的科研工作大有希望，相信在院党政领导的直接领导下，经过全系教职员工的奋发努力，在不长时间内把我系建成科研教学型新系的目标一定能实现。

八、存在问题

在全系老师的共同努力下，我系的科研工作取得了一定的成绩，但也还存在一定问题：

1. 科研项目级别低，高级别大项目少，难以形成一定的大科研气候。

2. 高水平的科研成果少，导致获奖项目少，尤其是具有一定级别的获奖项目难以夺得。

3. 整体科研发展不平衡，能揽到项目的老师不多，每年的项目基本上都集中在少数几

个人身上，表现出整体科研竞争能力较弱。

存在以上问题的原因是多方面的，有大气候的原因，也有小气候的因素。要在短时间内去彻底解决还存在一定困难，但并不是说就不能解决，只要在院党政领导的正确领导下，上下齐心协力向着预定目标前进，我系的科研工作就会有新的突破。

简析：这是一篇年度的科技工作总结。在标题里作者就醒目地交代了写作总结的单位名称、时间期限、总结的种类，这是总结标题最常见的写法。正文部分从形式上，作者主要采用了条文式和小标题式相结合的写作方法；从内容上看，以大量的事实材料说明本单位在科技工作方面所取得的辉煌成就和宝贵的经验，同时指出取得这些成绩所采取的措施。成绩和经验是该总结的重点和中心，问题和教训是本总结的次要方面。因此，作者在花大量的笔墨叙述成绩和经验之后，只附带交代了在工作中存在的问题，以便在今后的工作中加以克服。该总结最大的特点是内容全面、重点突出、条理清晰。

思考练习题

1. 计划的概念和作用是什么？
2. 总结的概念与特点是什么？
3. 科技计划和技术总结的写作要求分别是什么？
4. 科技计划与技术总结有什么关系？
5. 根据本单位或本人的实际情况，制订一份科技计划或写一篇技术总结。

第四章　科技成果鉴定和奖励申报文书

第一节　科技成果鉴定和奖励申报文书的概述

一、科技成果鉴定和奖励申报文书概念

科技成果是指某一项研究课题通过观测、实验、调查、分析、归纳之后，得出的具有一定学术价值或实用价值的结果。科技成果包括理论成果、技术成果和推广应用成果等。鉴定，指鉴别和评定真伪优劣。奖励，指给予荣誉或财物加以鼓励。

根据国家《科技成果鉴定办法》、《科技成果鉴定规程（试行）》规定，凡列入国家和省、自治区、直辖市以及国务院有关部门科技计划内的应用技术成果，以及少数科技计划外的重大应用技术成果，在研究结束后，都要进行科技成果鉴定，编写科技成果鉴定文书。

科技成果鉴定文书是指科技成果鉴定过程中形成的各种文件统称。它主要包括科技成果鉴定申请书和科技成果鉴定证书。

科技成果鉴定申请书是指科研项目完成后，项目承担者向主管部门申请鉴定的文书。

科技成果鉴定证书是鉴定委员会专家对成果进行鉴定后所形成的文件，又称“科学技术成果鉴定证书”。

当科研课题完成后，一般都要组织鉴定会，由行政、业务主管部门或科学技术管理机构，邀请参加研究、设计、试制、使用单位的代表，聘请同行的专家、教授，按照规定的形式和程序，根据国家颁布标准或规定，对科技成果的学术水平和实际应用价值进行审查，做出实事求是的评价，为使用和推广该项科技成果提供权威性、结论性意见。

科技成果奖励申报书，是指科技成果通过鉴定后，成果的主要完成人按照国家有关奖励条例的要求，用来申报奖励时的申请报告文字材料。根据国家有关奖励条例的规定，科技成果奖励申报书可分为自然科学奖申报书、发明奖申报书和科技进步奖申报书三类。科技成果奖励申报要经过成果完成单位主管部门的推荐，所以科技成果奖励申报书，又称科技成果奖励推荐书。

二、科技成果鉴定和奖励申报文书的作用

（一）科技成果鉴定

科技成果鉴定，作为主管科技工作的政府机关的一种行政行为，旨在正确判别科技成果的质量和水平，促进科技成果的完善和科技水平的提高，加速科技成果的推广应用，推动科学技术本身和国民经济的发展。

科技成果鉴定申请书的主要功能是申请人表达请求受理鉴定的愿望，并反映申请鉴定成果的基本情况，启动鉴定程序。它是主管部门审查并确定是否进行鉴定和组织鉴定的依

据。主管部门审查同意，由主管部门或其委托单位按科技成果鉴定办法组织鉴定或评审、验收。

科技成果鉴定证书是根据国家规定，由组织鉴定单位对经鉴定通过的科技成果颁发的具有系统性、权威性、评价性、结论性和规范性的书面意见，是科技成果通过鉴定的凭证，是鉴定过程中最核心的技术文件，其基本功能是确认科技成果的学术水平和应用价值。

科技成果是广大科技人员创造性思维和辛勤劳动的结晶，是社会的重要精神财富。通过鉴定，使科技成果得到社会公认。它从一个方面真实地反映了一个部门、单位、个人的学术水平和科技成就，是一个部门、单位、个人知名度的重要标志，也是对取得该项成果的科技人员进行奖励的重要依据。

（二）科技成果奖励申报书的作用

颁发科技成果奖的目的是为了充分肯定科技人员对祖国、对人民的贡献，可以激励科技人员献身科技事业的决心和热情，激励他们的积极性和创造性，从而创造出更多、更新的科技成果，推动科学技术更快的进步和现代化建设更快的前进。

我国的科技成果奖励，除各部门、基层单位的奖励外，重要的有国家级、部省级两级的奖励。国家级科技成果奖主要有三类，即自然科学奖、发明奖、科技进步奖。部级只在国防科学技术工作委员会等少数部委设奖，各部委和省、自治区、直辖市只设与国家科技进步奖对应的科技进步奖，奖励对该部委或省、自治区、直辖市做出贡献的科技成果。

科技成果奖励申报书的作用主要表现在两个方面：第一，它是业务主管部门审核推荐的依据。按照国家有关科技成果奖励的评审程序，科技成果申请报奖首先必须由科技成果完成者向其业务主管部门提出申请，然后经业务主管部门组织形式审查，进行检索查新等审核后提出推荐意见和理由，才能取得申报的资格。因此，它是申报资格审核的依据。第二，它是专家审核的惟一依据。科技成果奖励评审委员会，接到申报材料后组织有关专家对科技成果的学术水平和应用价值进行审查，做出评价，主要依据就是申报书提供的有关材料。因此，它又是专家评审的惟一依据。

第二节　科技成果鉴定文书的结构和写作要求

科技成果鉴定分为检测鉴定、会议鉴定和函审鉴定三种形式，三种形式具有同等效力。因此，科技成果鉴定文书应包括这三种鉴定形式的全部内容。会议鉴定是科技成果鉴定的基本形式，其鉴定文书由两部分组成：科技成果鉴定申请书、科学技术成果鉴定证书。

一、科技成果鉴定申请书的结构

1. 封面。包括成果名称、完成单位、申请鉴定单位、申请鉴定日期、申请组织鉴定单位、组织鉴定单位、受理日期和经办人。

2. 简表。国家科委印制的文本格式如下：

<table>
<tr><td colspan="2">科技成果中文名称</td><td colspan="7">(限35个汉字)</td></tr>
<tr><td colspan="2">研究起始时间</td><td colspan="3">□□□□□□□□□□</td><td colspan="2">研究终止时间</td><td colspan="2">□□□□□□□□□□</td></tr>
<tr><td rowspan="6">申请鉴定单位</td><td>单位名称</td><td colspan="7"></td></tr>
<tr><td>隶属省部</td><td>代码</td><td>□□□</td><td>名称</td><td colspan="4"></td></tr>
<tr><td>所在地区</td><td>代码</td><td>□□□</td><td>名称</td><td></td><td rowspan="2">单位属性
(　　)</td><td colspan="2" rowspan="2">1. 独立科研单位;2. 大专院校;3. 工矿企业;4. 集体个体;5. 其他</td></tr>
<tr><td>联系人</td><td colspan="4"></td></tr>
<tr><td>邮政编码</td><td colspan="2"></td><td colspan="2">联系电话</td><td colspan="3">1. ________ 2. ________</td></tr>
<tr><td>通讯地址</td><td colspan="7"></td></tr>
<tr><td colspan="2">任务来源</td><td>(　　)</td><td colspan="6">1. 国家计划　2. 省部计划　3. 计划外</td></tr>
<tr><td colspan="2">成果有无密级</td><td>(　　)</td><td colspan="2">0.无　1.有</td><td>密级</td><td>(　　)</td><td colspan="2">1.秘密　2.机密　3.绝密</td></tr>
</table>

3. 内容简介。包括以下7项内容：

(1) 任务来源(计划项目应写清计划名称及编号,计划外的应说明是横向或自选项目)；

(2) 应用领域和技术原理；

(3) 性能指标(写明计划任务书或合同书要求的主要性能指标和实际达到的性能指标)；

(4) 与国内外同类技术比较；

(5) 成果的创造性、先进性；

(6) 作用意义(直接经济效益和社会效益)；

(7) 推广应用的范围、条件和前景以及存在的问题和改进意见。

4. 技术资料目录。指按照规定由申请鉴定单位提供的主要文件和技术资料。

5. 主要研制人员名单。包括姓名、性别、出生年月、技术职称、文化程度(学位)、工作单位、对成果创造性贡献等。

6. 各单位意见和鉴定形式。各单位意见包括申请鉴定单位意见、主管业务单位意见、任务下达单位意见、组织鉴定单位意见。

二、科技成果鉴定证书的结构

1. 封面。包括:成果登记、鉴定批准文号、成果名称、完成单位、鉴定形式、组织鉴定单位、鉴定日期、鉴定批准日期等。

国家科委印制的文本格式如下：

成果登记	登记号	
	标准日期	

科学技术成果鉴定证书

鉴字[　　]第　　号

成果名称：

完成单位：

鉴定形式：

组织鉴定单位：

鉴定日期：

鉴定批准日期

国家科学技术委员会

一九九四年制

2. 简要技术说明及主要技术性能指标。

3. 推广应用前景与措施。

以上两项内容与申请表“内容简介”部分相同。

4. 主要技术文件目录及来源。即前面介绍的申请鉴定时应提供的技术资料和有关文件。

5. 鉴定委员会专家测试报告。指采用会议鉴定形式时，根据需要由组织鉴定单位聘请的专家测试组到现场进行测试结果的报告。

6. 鉴定意见。会议鉴定是委员会形成的鉴定意见；函审鉴定是函审专家组正副组长根据专家函审意见汇总形成的意见；检测鉴定是检测机构出具的“检测结论”（含必要时聘请3至5名专家提出的综合评价意见）。

7. 主持鉴定单位意见。由受组织鉴定单位委托，具体主持该项成果鉴定工作的单位填写，单位领导签字，并加盖公章。

8. 组织鉴定单位意见。由负责该项成果鉴定工作的省、自治区、直辖市科技厅和经授权的组织鉴定单位填写，由主管领导签字。

9. 科技成果完成单位情况。包括完成单位名称、邮政编码、详细通信地址、单位性质（独立科研机构、大专院校、工矿企业、集体或个体企业、其他）。

10. 主要研制人员名单。由成果完成单位填写。填写内容与《科技成果鉴定申请书》中的主要研制人员名单相同。

三、科技成果鉴定文书的写作要求

科技成果鉴定文书涉及申请鉴定单位、鉴定委员会、主持鉴定单位和组织鉴定单位函审专家等主体，是群体合作的结晶，内容复杂，分工明确，这是其他科技文体所不具备的特征。如果在某一个环节上有了疏漏，就可能导致鉴定的失败。写作科技成果鉴定文书应符合下述要求：

（一）精心准备，依法编写

准备工作是否细致周到，决定了科技成果鉴定文书写作的顺利与否。应认真学习《中华人民共和国科学技术进步法》，熟悉《科学技术成果鉴定办法》和《科技成果鉴定规程（试行）》，了解鉴定科技成果的条件，以确定某一项目申请的必要性与可能性。要从以下三方面做好准备：

1. 认定该项科技成果是否属于需要鉴定的科技成果。《中华人民共和国科学技术进步法》对科学技术成果鉴定范围、鉴定组织、鉴定程序、鉴定管理、法律责任等作了详细的规定。鉴定范围明确规定：列入国家和省、自治区、直辖市以及国务院有关部门科技计划内的应用技术成果，以及少数科技计划外的重大应用技术成果，才有资格申请鉴定。下列科技成果不组织鉴定：

（1）基础理论研究成果；

（2）软科学研究成果；

（3）已申请专利的应用技术成果；

（4）已转让实施的应用技术成果；

（5）企业、事业单位自行开发的一般应用技术成果；

（6）国家法律、法规规定，必须经过法定的专门机构审查确认的科技成果。

少数计划外的重大应用技术成果是指符合下列条件的科技成果：

（1）技术成熟并有明显的创造性；

（2）性能指标在国内同领域中处于领先水平；

（3）经过实践证明能应用；

（4）对本行业或本地区的经济和社会发展以及科技进步具有重大的促进作用。

2. 是否具备申请鉴定的条件。申请科技成果鉴定要具备的条件包括：

（1）已完成合同的约定或者计划任务书规定的任务要求；

（2）不存在科技成果完成单位或者人员名次排列异议和权属方面的争议；

（3）技术资料齐全，并符合档案管理部门的要求；

（4）有经国家科学技术部或者省、自治区、直辖市科学技术厅或者国务院有关部门认定的科技信息机构出具的查新结论报告。

3. 技术资料和有关文件是否齐全。申请鉴定的科技成果，技术资料和有关文件主要包括：

（1）计划任务书或者合同书；

（2）技术研究报告（包括技术方案论证、技术特征、总体性能指标与国内外同类先进技术的比较、技术成熟程度、对社会经济发展和科技进步的意义、推广应用的条件和前景、存在的问题等基本内容）；

（3）测试分析报告及主要实验、测试记录报告（包括原始记录）；

（4）设计与工艺图表；

（5）质量标准（企业标准、行业标准、国家标准、国际标准）；

（6）国内外同类技术的背景材料和对比分析报告，以及国家科技部、国务院有关部门和省（自治区、直辖市）科技厅认定的，有资格开展检索任务的科技信息机构出具的检索材料和查新结论报告；

(7) 用户使用情况报告；

(8) 经济效益(一次性直接效益)、社会效益分析报告及证明材料；

(9) 涉及污染环境和劳动安全等问题的科技成果，需有关主管机构出具的报告或证明；

(10) 准确的完成单位(不包括一般试制加工单位及一般协作单位)和主要完成人员名单(按解决该项成果技术问题所做贡献大小排序)；

(11) 行业主管部门要求具备的其他文件。

以上这些工作准备得如何，关系到科技成果鉴定文书撰写的水平和质量。

(二) 抓住重点，注意“三性”

在撰写时，一定要实事求是，要着重介绍在前人的基础上做了哪些开拓性的工作，取得哪些突破性的结果，并在应用上展示预期的前景；要将申请鉴定时提供的全部技术文件高度浓缩地反映在“科技成果鉴定申请书”和“科学技术成果鉴定证书”的有关部分中，并保持完整性、一致性和可比性。

1. 完整性。所谓完整性，一是指科技成果申请鉴定时，需要提供的技术资料和有关文件完整；二是指在科技成果鉴定证书的简要技术说明及主要技术性能指标内容完整。特别是应用领域和技术原理、性能指标、与国外同类技术的比较、成果的创造性、先进性、作用意义等，要言简意赅。

2. 一致性。所谓一致性是指所提供的所有技术文件，在叙述相同内容时，具有一致性。因为这么多的技术文件不可能一个人完成，而是集体创作。因此，在撰写前，要召开项目全体人员会议，反复讨论，形成共识；然后再分头撰写；最后由技术负责人或委托专人统稿。发现不一致的地方要及时处理。

3. 可比性。所谓可比性是指标志科技成果创造性、先进性的性能指标，与国内外同类技术比较时，其检测手段是相同的；使用报告中的数据，其应用领域和工作状态是相同的；经济效益的计算方法是相同的。总之，为专家评议提供可比的对象，使专家们做出的总体性能、水平的评价更符合实际。

(三) 分条说明，评价客观

科技成果鉴定文书的内容很多，为了达到一目了然的效果，在写作中要采用分条列项逐一说明的方法。说明时必须简明扼要，具体明确，不可泛泛而谈，模棱两可。成果评价要客观，鉴定申请书是成果尚未鉴定前所写，其成果内容应是客观性报告，不要出现“该成果处于世界领先地位”、“填补了国内空白”等主观性评价语，也不要出现“该成果如广泛应用，可使生产效率提高××倍，一年可创××万元经济效益”等推测性语句。要用事实说话，避免溢美之词。

四、例文简析

例文一：

科技成果鉴定申请书

成果名称：辣椒天然红色素提取工艺研究及产业化

完成单位：浙江大学　浙江××天然色素厂

申请鉴定单位：浙江大学(盖章)

申请鉴定日期：1996 年 10 月 8 日

申请组织鉴定单位：浙江省科学技术委员会

组织鉴定单位受理日期：　　　　　　　经办人：(签字)

一、内容简介

辣椒红色素以辣椒为原料经提取而成，属天然食用色素，对人体无害无毒，主要用于食品、化妆品和医药工业，由于合成色素会致癌和致畸形，发达国家已相继禁止使用。我国辣椒资源丰富，因此，生产辣椒红色素具有广阔的应用前景和较高的经济效益。

据文献报道，当前国内生产辣椒红色素的工艺主要有油溶法、有机溶剂浸提法、吸附分离法、碱溶法等，工艺均比较复杂，试剂材料耗用大，操作难度大，生产周期长，而且有异味。

为了克服上述工艺缺点，浙江大学开展了对辣椒红色素新工艺研究，建立起一套新的提取和分离工艺。该技术采用物理方法，以食用酒精为提取溶剂，采用不同温度、不同时间条件下辣椒红色素与辣味素在不同浓度溶剂中溶解度的差异来分离获得精制的辣椒红色素。在此基础上，浙江大学与浙江××天然色素厂联合承担了浙江省科委1995年重点科技攻关项目。经一年多工作，完成了设备的选型和改装，建立了一套半自动半封闭的国内领先的生产线，完成了新工艺工业生产流程的研究。经过近一年的试生产，表明该技术具有除辣彻底，产品收率高，生产周期短和操作简便等优点。本技术生产的辣椒红色素质量指标远远优于GB10783—89食品添加剂辣椒橙国家标准，并已超过了科技项目合同书所规定的要求。除此之外，还可获得纯度较高的辣味素。整个过程无任何污染排放。

辣椒红色素主要技术指标：(略)

国内使用的合成色素年需求量约600t，发达国家已相继禁止使用合成色素，我国也正采取措施限制使用合成色素，天然色素最终将取代合成色素；目前国内尚未形成大规模生产能力，因此，市场前景十分看好。

浙江××天然色素厂目前已建成年产20t辣椒天然红色素和50t辣味素的生产线，厂房面积2000m^2、固定资产投资170万元。中试已生产辣椒天然红色素1.2t和辣味素3.0t，表明已经达到批量生产水平，今后将实现生产线的满负荷运行。

本项目将采取有效手段开拓市场。目前已通过外资公司和内贸部门与美、日、法和台湾、香港以及国内许多消费厂家建立了联系，浙江××天然色素厂已加入了食品添加剂协会，产品将在广交会和华交会等展出，展出样品质量受到国内外许多家单位的认可，扩大了影响，销势良好，新的订单正在落实。同时，积极引入资金，扩大生产规模，提高生产线的先进性，目前已有资金雄厚的台湾公司意向投资60万美元，并包销产品。

本项目将进一步优化工艺，改进设备，加强管理，降低成本，提高生产效益，以低价格、高品质的产品占领市场。

二、技术资料目录

1. 合同书(略)2. 技术总结报告(略)3. 企业标准(略)4. 产品检测报告(略)5. 用户意见(略)6. 经济效益分析报告(略)7. 投产条件报告(略)8. 查新报告(略)附件：生产许可证、卫生许可证(略)

三、建议鉴定委员会成员名单(略)

四、技术资料归档情况(略)

五、学校主管业务部门意见(略)

六、主要研制人员名单(略)

七、系学术委员会审查意见

1. 工艺水平:此项目的主要工艺特点是采用食用酒精为提取溶剂,利用溶解度的差异分离辣椒红色素等产品,比较目前国内外常用的油溶法、有机溶剂抽提法、吸附分离以及碱溶法等工艺,这一新工艺更加简单,试剂耗量少,操作过程简便。根据这一新工艺过程建立的半自动半封闭的生产线,已达到国内先进水平,能够超过合同规定的指标,辣椒红色素得率达 3. 2%,稳定地生产合格的产品。

2. 产品质量:主要产品辣椒红色素在色价、重金属理化分析、毒性、卫生指标以及产品外观等方面的检查,达到如下数据;色价 11600(超过合同规定的 9000),砷≤0.001%,铅<0.5mg/kg,黄曲霉素 B_1<5mg/kg。急性毒性试验表明无毒,微生物指标符合国家标准,用户反馈意见认为辣椒红色素的质量良好。

3. 经济效益:原料和食用酒精的单耗分别为 31269t 干辣椒/t 产品、20.323t 食用酒精/t产品,辣椒红色素的可变成本为 54.092 万元,以设计规定的 20t 计,年总成本为 1081.84 万元,利润逐年增长,1999 年的利润可达 762.21 万元,因此本项目的经济效益是显著的。

4. 作为产品之一的辣味素,目前在纯度、辣味程度还未取得用户的满意,尚待改进。

从以上几方面的审查,该项目的主要产品辣椒红色素已达到了合同规定的指标,工艺达到目前国内先进水平,产品稳定合格,质量已达国标、企标,利润效益逐年增高,在非主要产品辣味素方面,质量还待提高。

系学术委员会主任(签章):×××

系学术委员会成员:(签章)×××××××××××××××××

一九九六年九月二十一日

八、申请鉴定单位意见(略)

九、主管业务部门意见(略)

十、任务下达单位意见(略)

十一、组织鉴定单位意见(略)

简析:该鉴定申请书基本格式规范,内容简介概括了该项目的应用领域和技术原理,国内同类技术现状,成果的创造性、先进性,任务来源,主要性能指标,经济效益和社会效益,推广应用前景以及改进意见等七个方面,写得简明扼要。提供的技术资料目录齐全。系学术委员会从工艺水平、产品质量、经济效益、改进方向四方面作了严格审查,提出了客观的意见。由此也可以看出:申请鉴定的科技成果,必须具备以下五个基本条件:① 达到了设计任务书(或合同)规定的技术指标;② 技术上可靠;③ 经济上合理;④ 实践证明可以投入使用;⑤ 符合国家法律、法规的有关规定。

例文二:

科学技术成果鉴定证书

教科鉴定[××]第××号

成果名称:中国南方针叶林斑痣盘菌目考察与分类研究(节选)

完成单位:××农业大学

鉴定形式:会议鉴定

组织鉴定单位:××省教育厅

鉴定日期:××××年×月×日

鉴定批准日期：××××年×月×日

一、简要技术说明及主要技术性能指标

本项目系国家自然科学基金资助项目（编号×××）。

本项目对中国南部川、黔、滇、藏、桂、粤、琼、闽、湘、赣、浙、沪、苏、皖等14个省（自治区、直辖市）松、杉、柏科（7属56种）针叶树上的斑痣盘菌目真菌作了广泛考察与采集。并按世界上较先进合理的分类依据及方法进行了较系统的分类研究，共查明和报道了7属30种。其中包括：

（1）2个中国新纪录属：小双梭孢盘菌属和小鞋抱盘菌属；

（2）4个新种：贵州齿裂菌、油杉齿裂菌、椭圆散斑壳菌和松生小鞋抱盘菌；

（3）1个新组合：汉德尔舟皮盘菌；

（4）6个中国新记录种。

本项目对各种新种、新组合和新记录种的形态及发育特征、生态习性和致病特点等作了描述和记载，记录了已知种的寄主世界或中国新记录及国内地理新分布，探讨了8个种的培养性状，讨论了一些种在分类和命名方面存在的问题，并对一种重寄生真菌和松树赤落叶病作了专门研究。达到了项目计划预定的目标。

迄今为止，国内前人共报道我国针叶树生斑痣盘菌6属19种（含2个新种），本项研究累计报道7属30种，故远远超过国内其他研究者总共报道的种数和新种数。国外总共报道针叶树生斑痣盘菌约16属87种。本项研究所采纳的理论依据及技术手段与英、美、新西兰等发达国家近期采用的近似，所报道的属、种数分别约为国外属、种总数的1/2和1/3，并且多数属的种数与国外总种数相等或相接近。因此，本项研究已达到目前国外同类研究的先进水平。

二、推广应用前景与措施

本项研究基本上弄清了中国南方针叶林斑痣盘菌目的主要分类及其发生特点，为世界菌物库增添了多个新分类单元，追加了已知种大量的寄主新记录及地理新分布，使我国针叶树生斑痣盘菌目分类研究状况大为改观，并已达到国外同类研究水平，因而在菌物分类学方面具有十分重要的意义。迄今为止，共有国外3种权威刊物和国内《中国林业文摘》转录论文、新种18篇次；4篇论文在全国性学术会议上交流并获好评；多部专著和论文引用了本项研究成果；国内外50多人次函索论文、标本或资料；川、黔、粤、桂、闽、赣、湘、陕等省及《真菌学报》编辑部等20多个单位和个人委托鉴定标本、审查稿件或解决科研及生产问题。

此项研究在分类研究的基础上，探讨了主要种的生态习性、致病特点及生物学性状，获得了一些重要资料，为林业生产单位在区分菌种的前提下准确而经济有效地防治针叶林病害提供了理论依据，故在森林保护方面具有重要的应用价值。这一成果近年正用于指导安徽、贵州等省某些针叶林病害（如杉木叶枯病、松赤落叶病、松落针病等）的防治实践，产生了一定的经济和生态效益。预计推广应用范围会进一步扩大，将更多地挽回林木病害造成的损失，产生更大的效益。

侧重于理论研究而应用研究不够，以及推广应用工作还未完全展开是本项目存在的问题。今后要在总结已有应用推广经验教训的基础上进一步实施推广计划，使推广由预计转为实施。

三、主要技术文件目录及来源

1. 公开发表的论文10篇（略）

2. 全国性学术会议交流的论文 4 篇(略)

3. 国内外刊物转录的论文 18 篇次(略)

4. 引用本成果的其他作者论著 7 本、篇(略)

5. 国内外索取论文或标本、委托鉴定标本、审查稿件或解决科研及生产问题等的主要函 28 件(略)

6. 论文获奖证书 2 件(省自然科学优秀论文评委会)(略)

7. 查新报告及国际联机情报检索打印件(省科技情报所)(略)

四、鉴定意见

(1) 该项目技术资料齐全完整,研究成果达到了课题提出的性能指标要求。

(2) 该项目是对斑痣盘菌目的研究,斑痣盘菌目的菌类绝大部分生于针叶林中,多数又是针叶林病害的病原菌,还有不少种类是森林物质循环过程中的重要菌种,因而该项目具有很大的经济意义与社会意义,具有推广应用价值。

(3) 该研究在 14 个省(自治区、直辖市)的松、杉、柏科 56 种树木上,考察了大量斑痣盘菌,并运用国际先进方法对此进行了系统的研究,报道了 7 属 30 种,报道种数超过了国内报道种数。作者的论文已被国际权威方面认可,并被中外多种重要论著、论文引用此项目在真菌学研究上已达到目前国际先进水平。

(4) 本项目对如何应用并指导生产实践尚做得不够。应总结已有的经验,做好更科学更系统的推广工作。

鉴定委员会主任:×××　　　　副主任:×××、×××

××××年×月×日

五、主持鉴定单位意见(略)

六、组织鉴定单位意见(略)

七、科技成果完成单位情况(略)

八、主要研制人员名单(略)

九、鉴定委员会名单(略)

十、科技成果登记表(略)

简析:该鉴定书按国家科委公布的科学技术成果鉴定书的标准格式填写,项目内容齐全,结构规范。写作时,采用分条立项、具体说明的方法,抓住重点,实事求是。科技成果鉴定书的重点首先是鉴定意见,其次为各文件中的共同内容要素,即简要技术说明、主要性能指标及推广应用前景与效益预测。后者是形成前者的基础。该文采用列举具体属种名称的方法,据实说明技术所达到的水平,使读者一目了然。同时又列举国内外同类研究取得的最好成绩,与本项目成果形成鲜明对比,突出了本项目的先进性及创造性。申请人所提供的实验记录,国内外技术发展的背景材料,应用他人科技成果或者结论的参考文献真实可靠。这样使得鉴定意见科学、准确、客观、公正。该鉴定意见如实反映鉴定委员会对科技成果的下述评价:① 是否完成合同计划任务书要求的指标;② 技术资料是否齐全完整并符合规定;③ 应用技术成果的先进性、创造性及成熟程度;④ 应用技术成果的应用价值及推广的条件和前景;⑤ 存在的问题及改进意见。《鉴定办法》第 24 条规定:“鉴定结论中不写明‘存在问题’和‘改进意见’的,应退回重新鉴定,予以补正”。可见,申请鉴定人写作的重点是对成果的扼要说明,而鉴定人写作的重点是对成果的全面、客观、精练的评价。

第三节　科技成果奖申报书的结构和写作要求

一、科技成果奖申报书的结构

科技成果奖申报书格式和写法，因类型不同而有所区别。一般都印有统一的表格，按表格中的栏目填写。省市科技部门印制的科技进步奖申报书的主要内容如下：

1. 项目基本情况。一般以简表形式填写，内容包括项目名称、主要完成人、主要完成单位、任务来源、成果水平(指是国际先进或国内领先还是国内先进或省内先进)、工作起止时间、应用生产时间、鉴定日期、组织鉴定单位、市(地)科技局或省主管部门推荐意见及建议奖励等级、曾获何种科技奖及金额等。

2. 本项目创新点。

3. 项目说明。包括项目的主要技术内容、用途及社会、经济效益、推广情况和鉴定的主要意见(不少于500个汉字)。

4. 本项目与当前国内外同类研究、同类技术的综合比较。

5. 应用、推广情况，效益及前景。

6. 项目目前存在的主要问题。

7. 鉴定意见。

8. 鉴定委员会名单。包括姓名、工作单位、现从事专业、职称(职务)。

9. 项目保密要点。

10. 主要完成人员情况表。

11. 经济、社会效益统计表。

12. 县(市)科技局获主要部门审查意见(盖章)。

13. 附件目录包括技术评价证明、应用证明及其他证明。

二、科技成果奖申报书的写作要求

科技成果奖申报书，除要概括反映科技成果鉴定申请书内容简介和科学技术成果鉴定书的鉴定意见外，我们在写作时还应该注意科技成果申报的规范性，突出科技成果的创新性、科学性和应用性：

(一) 注意三类成果奖的特殊要求，按照统一印制下发的表格填写

自然科学奖、发明奖、科技进步奖各自的特殊要求不同，其评审奖励的要求也各异。自然科学奖，是一种自然科学和应用科学基础研究方面有重大成果的奖励，其评审标准与国际标准一致，侧重科学水平，科学价值；发明奖，是一种重大的科技发明的奖励，申报该奖必须同时具备前人所没有的、先进的、经过实际证明可以应用的三个条件；科技进步奖，是对新科技推广、转让、应用和理论研究方面有突出贡献的奖励，它以强化高技术成果产业化为导向，侧重自主知识产权和经济社会效益。因此，写作发明奖申报书、进步奖申报书和自然科学奖申报书时，要突出各自的特点。并严格按照国家、省市科技部门统一制发的表格逐项填写。这些表格都有固定的项目，每个栏目中都要求严格按规定的要求填写，不得漏项。任何单位和个人均不得任意改动，或另搞一套。凡不合规范的表格，虽然填写了，上级有关部门不予

审批，也就达不到申报的目的。

（二）突出成果实质性特点，写好本项目创新点

写作时要用最精辟的词句突出申报成果与别人不同之处，在坚持实事求是的前提下，善于标新立异，讲明成果的实质性特点，有哪些地方创新，与国内外现有技术、方法等比较有哪些优点。成果奖的确定，一般经过三个程序，一是形式审查，二是检索查新，三是专家评定。如果申报未能充分突出成果的特点，在形式审查、检索查新、专家评定中都有可能被淘汰。项目的创新点是体现项目水平的核心部分，是授奖的依据，是科技成果申请报奖的精髓。创新点部分一般只限400个汉字，写好这一部分的方法是反复推敲，千锤百炼。还应特别注意以下几点：

1. 对申报成果的水平和价值，要恰如其分地评价，既不拔高也不过谦。自认为国内先进水平的成果，评审专家一般不会给出国际水平的评价；

2. 具体明确成果的创新所在，不要笼统说是国际、国内首创。因为整体创新的研究甚少，往往是在前人或他人的研究基础上的创新；

3. 不要含糊其辞说这是国际、国内领先水平或先进水平，应具体标明达到80年代或90年代初、中、末期水平，且要讲清楚是整体综合达到的水平，还是成果某一方面达到上述水平；

4. 除有绝对可靠的检索证据证明确属国内首次报道外，不要轻易说"本成果为国内外首次报道"，而最好讲"未见国内外有类似或相同的报道"，这样才会有回旋的余地；

5. 对一些因条件所限而未能探明或深入研究的问题，应如实提出，这样往往能取得同行专家的谅解；

6. 要力避华而不实的口号或语句。

（三）体现系统性、科学性，注重效益反馈

在写作申报书项目，说明本项目与当前国内外同类研究、同类技术的综合比较，应用、推广情况，效益及前景等以下栏目时，除整体体现科技成果奖系统性基本要求外，还应从整体上体现研究试验方案、技术路线的合理性，实验测试、数据处理、结论推断的严格性，科学技术资料的完整性，与国内外指标比较的先进性等。同时，注重效益反馈，如果说科学性、创新性主要确定是不是成果以及该不该奖的话，那么效益则主要决定奖励的等级高低。在研究过程中，尤其是在成果转移到生产上或发表论文后，应注意搜集效益反馈的信息。申报自然科学奖，要着重在收集论著发表以后在学术界及社会上的反响，主要包括：被同行引用的情况，被国内外引文刊物收录的情况，被学术会议纪要和专题情报汇集的情况以及指导应用、开发研究的情况等；申报发明奖，要着重收集发明的实施应用状况，即中试、投产、应用推广等情况，以及已获效益的证明材料；申报科技进步奖，主要是收集科技成果鉴定的技术文件，收集盖有财务专用章的经济效益证明材料。上述这些都在一定程度上说明该成果的作用和意义，对成果的评奖有一定的辅助作用。成果效益的大小，往往是通过上述反馈信息反映出来。评审专家亦常参考这些反馈信息来评价成果的应用性。

三、例文简析

科学技术进步奖申报书

项目名称：浙北土壤中药材适应性及栽培技术研究

主要完成单位:嘉兴职业技术学院

主要完成人员:张林康、巢新冬、张益农、蒋新法、庄应强

任务来源:嘉兴市科委　　　　　　成果水平:省内先进

工作起止时间:1994.1—1996.12　　　　应用生产时间:1995.10

鉴定日期:1996.12　　　　组织鉴定单位:嘉兴市科委

市(地)科委或省主管部门推荐意见及建议奖励等级……建议授予市科技进步二等奖。

一、本项目创新点

1. 冲破了中药材不能在平原地区栽种的“禁区”。通过对浙北平原三种旱地代表性土壤种植药材的适应性试验,筛选出能够在壤质堆叠上、山地黄泥土上栽种的牛蒡、玄参、太子参、元胡、浙贝、桔梗等中药材,扭转了中药材种植是山区“专利”的陈旧观念,实践证明,浙北平原同样能作为发展中药材生产的基地。

2. 探索出浙北平原特定土壤条件下中药材生产的高产栽培技术。中药材生产的一般栽培技术屡次有报道,而在浙北平原这一土壤相对黏重、地下水位较高特定土壤条件下的栽培技术报道甚少。本试验通过对黄芪、牛蒡、玄参、太子参、桔梗等的系统研究和扩大面积栽种,摸索总结出在选地、整地、繁殖方法、科学施肥、田间管理、病虫防治、合理采收、科学加工等一整套高产栽培配套技术,并开展技术咨询、指导农户、解决疑难。

3. 开拓桑园间作中药材的新路子。桑园的生产特点是季节性强而“空闲”时间长,本试验探索桑园间作浙贝、元胡的栽培技术和拓展元胡喷施赤霉素、奥普尔等新技术、获得桑药生产双丰收,为充分利用土壤资源和光温条件,增加桑园的综合产出率开辟了一条广阔的途径,社会效益、经济效益显著,该技术容易被农户所接受,前景乐观。

二、简要说明(略)

本课题经鉴定委员会评审后认为,该项研究不仅为浙北水网平原中药材开发提供了科学依据,而且率先开拓桑药生产双丰收的途径,效益显著、前景广阔,研究成果属省内先进水平,建议扩大建立示范区,形成规模生产,组织技术培训,以加速成果的推广应用。

三、本项目与当前国内外同类研究、技术的综合比较

国内外大宗药材的常规栽培技术常有报道,但在壤质堆叠土、山地黄泥土、青紫泥土上系统地对比研究,国内联机检索结果表明还少见报道,我省还未曾报道,在浙北特定的气候、土壤条件和农作制度下,研究其适应性及相应的技术措施,特别是桑园间作浙贝、元胡的技术,很有地方特色和应用价值。

四、应用、推广情况,效益及前景

种植中药材作为农村致富途径已成为我区不少农户的强烈愿望,但因对药材的土宜性生疏及栽培技术的缺乏,暴露出较大的盲目性,顾虑重重。本研究成果在指导农户进行中药材生产中,解决了农户的后顾之忧,顺应了农户迫切需要致富技术的合理要求,反响强烈,深获好评。

浙北嘉兴平原旱地土壤共有 3.2 万 hm^2,70%属壤质堆叠土。本研究在拓展中药材种植面积,中药材品种多样化及配套技术的应用上大有潜力可挖。值得注意的是,目前浙北桑园除间作蔬菜以外,其他利用较少,桑园间作中药材,既充分利用自然资源,又提高桑园综合产出率,利国利民,前景看好。

通过全市 5 县 2 区 21 户科技示范户桑地间作浙贝、元胡的情况来看,平均产值达 2273

元/666.7m²,净收益 1215 元/666.7m²(见证明)。目前,全市 67hm²桑园已推广间作浙贝、元胡,每年桑园净增收 100 万元,若按此水平推算,全市 3 万 hm²桑园,能推广 1%的间作面积计,每年净增收 450 余万元,经济效益相当可观。

五、项目目前存在的主要问题

应进一步组织技术培训,扩大示范面积,形成规模生产,做好产后服务,加速成果推广应用。

六、鉴定意见(略)

七、鉴定委员会名单(略)

八、项目保密要点(略)

九、主要完成人员情况表(略)

十、经济、社会效益统计表(略)

十一、县(市)科委获主管部门审查意见(略)

十二、附件目录

1. 浙江省科技成果评审证书;

2. 浙江省科技成果评审许可证;

3. 成果应用证明;

4. 财务部门或主管部门出具的经济效益、社会效益证明;

5. 本研究公开发表的论文及其他技术文件。

简析:该科技成果奖申报书内容完整,写作比较规范。它从科技进步奖申报书写作的基本要求出发,首先从冲破"禁区"、摸索特定条件下的栽培新技术、开拓新路子三方面揭示创新点,自我评价客观;在写作项目说明、本项目与当前国内外同类研究、同类技术的综合比较、应用、推广情况、效益及前景等以下栏目时,整体体现了科学性和应用性,用词较为简明、准确。它从一个侧面反映了基层申报科技进步奖的真实情况。

思考练习题

1. 到学校科研处求助一份空白的国家或你省《自然科学基金申请书》,全班每人复印一份。从所学的专业课中设计出一个课题项目(提示:在向专业教师咨询,或参与专业教师的科研课题的基础上设计),自已填写该课题项目申请书,交任课教师批阅。

2. 了解你校目前国家级或省(市)自然科学基金课题、国家科技攻关课题或省部级重点课题、横向协作研究课题和自选课题的来源情况,选择本学科领域的一个小问题,或问题的某一个侧面,积极参与部分科研工作,结束后写一篇 5000 字左右的科研论文。

3. 采访学校有关部门,了解学校科技成果奖励情况,搜集相关项目申请书、论文、研究报告等系列资料,按照科技成果奖励申报书的写作格式与要求编制一份科技成果奖励申报书。

第五章　科技广告和科技产品说明书

第一节　科技广告

一、广告概述

广告作为一种独具功能的人类传播现象，伴随着商品经济的蓬勃发展，人类的科学技术与文明进步，广告传播产生了大飞跃。特别是现代科技的发展，信息产业的发展，给世界广告业的发展带来了日新月异的变化。

在当今中国蓬勃发展的经济热潮中，各种广告进入千家万户，涌动着商品的洪流。不论在街道、码头、戏院、商店，或在报纸、杂志、电视、电脑、电视、收音机中。我们处处可见到或听到各种广告，许许多多精彩生动的广告，动人心弦。那些广告妙语，有的生动形象，惟妙惟肖；有的幽默风趣，令人开怀一笑；有的优雅动情，寄托着绵绵情意；有的内涵隽永，极富哲理的启迪。它以极简练的词语，传递商品信息，打动消费者的心灵；表达人们的生活追求、向往，激发人们更高的审美情趣。

广告，这种商品宣传方式越来越多的影响和改变着人们的消费观念和行为。广告就像一只"无形的手"操纵着每一个人的消费过程。离开了广告，也就没有现代商业的发展；离开了广告，现代人的消费行为就会处于茫然状态。

（一）科技广告的概念

广告的含义有广义和狭义之分。广义的广告指运用说服的方式，包括口头、文字和图画的方式，为有助于商品和劳务的销售所进行的一种公开的宣传，政府公告等方面的启事也包括在内。狭义的广告则指以支付价款的形式委托专业部门，在一定的时期内占用某种媒体，有计划地宣传商品和劳务，促使消费者产生明显或潜在的需求的一种手段，是以营利为目的的。通常指"商业广告"，又称"经济广告"、"科技广告"。

科技广告是通过各种媒介，把科技产品的各种性能、特点等信息，向社会广为传播。

（二）科技广告的作用与功能

1. 传播信息，沟通产销，促进生产。消费者可根据广告所提供的信息，购买到自己所需要的商品。科技广告沟通生产、流通、消费各个环节，实现产销直接见面，使得产销对路，进而指导产品的流向，调整生产幅度，促进生产的发展。

2. 指导消费，方便群众，满足需求。由于现代化生产种类繁多，新技术突飞猛进，市场需要千变万化，新产品层出不穷，广大消费者一时难以了解清楚。而广告可以向消费者提供大量的可供选择斟酌科技商品的信息，指导消费者进行正确的判断、选择，以满足各自的不同需要，对消费者起着向导作用。

3. 促进竞争，推动科技事业的发展。通过广告，同行业互相了解，发现别的同类产品的优点，找出自己的缺点，及时改进，提高质量，从而提高企业的竞争能力；介绍新产品有利于推广新技术成果，促进产品更新换代，推动科技研究的发展。

4. 美化市容，改善环境。在统一规划下，广告的设计安排，可以与改善环境结合起来，既取得政治和经济上的宣传效果，又美化了市容，给人们以艺术的享受。

5. 促进国内外交流，繁荣市场。广告可以帮助生产和销售，适应国际市场瞬息万变、竞争激烈的需求，提高产品质量，争取换取更多的外汇，繁荣我国经济，及时交流国内外产品。

科技广告作为一种社会现象，既反映着社会的经济、文化、科学等状况，又反作用于整个社会。积极的健康的广告，对社会产生着良性的影响，促进社会的进步，而消极的庸俗的广告则对社会良好风气的形成起阻碍的作用。

二、科技广告文案拟写要求

（一）科技广告的基本原则

1. 新颖独特的创意。新颖独特的创意成了科技广告文案写作的第一要求，这种创新包括广告的主题应集中突出，文字应简洁明了，形式应新颖醒目。

2. 真实的内容。科技广告文案写作的第二要求是真实性。虚假的广告会误导消费者，最终砸了企业自己的牌子。

3. 较强的艺术性。科技广告文案写作的第三要求是艺术性。科技广告既是一门科学，也是一门艺术，构思要巧妙，耐人寻味，对消费者要有强大的吸引力，优秀的广告还应具有艺术欣赏价值。

在科技广告文案写作中，这些要求主要是通过广告的创意来体现的，富有创意的广告不仅能够吸引消费者，而且还会使消费者过目不忘。

（二）科技广告的语言特点

写文章，是运用书面语言表达情意。语言文字是构成文章的基本内容材料，要写好文章，必须从语言文字上下功夫，科技广告文稿的写作也不例外，广告的创意、商品或劳务信息的传递，最终都必须靠语言文字来表达。

广告媒体的不同特点决定了广告语言本身也存在一些差异，然而，既然都是做广告，在语言上就应存在共性，这些共性，我们称之为广告语言的特征。分析各类广告的语言，其共同特征可概括为“准确真实，简明扼要，新鲜独特，优美动听”四句话。

1. 准确真实。科技广告的生命在于真实。如果为了推销商品，牟取利润，就在广告语言上弄虚作假，那是非常不道德的。其结果往往是适得其反，顾客一旦产生了逆反心理，你的广告吹得越神，他们就越不信。

需要说明的是，要求科技广告语言真实准确，只要不引起误解，并不排斥适当的修辞。

2. 简明扼要。对科技广告，人们一般不愿意费神去听、去看，更多的是在不经意的情况下接受信息。如果科技广告语言冗长含混，就很难抓住人的注意力，广告也就失去了应有的功效。因此，广告语言要做到“言约意丰”，要用尽可能少的文字，传达尽可能多的信息。“简为文章尽境”，广告文稿要力求达到这样一个最高的境界，让有限的文字都能发挥其表达内容的最大作用。 广告文稿要做到“句无可削”、“字不得减”，文句缜密，表意扼要。

3. 新奇独特。在浩瀚的广告海洋里，如果科技广告创作无新意，用的语言千人一面，万人一腔，则这种广告肯定没人听，没人看。

科技广告语言一定要在“奇特”上下功夫，只有新奇独特的广告用语，才能最大限度地发挥科技广告的效力。

4. 优美动听。广告的美感，语言美是其中很重要的一部分。科技广告的语言美表现在选用新颖、恰当的赞美之词和语言的形式美两个方面。

（三）科技广告文案基本结构形式

进行科技广告创作，先要确立主题，科技广告的主题，是指广告所要表达的中心思想，即科技广告的主旨，它在科技广告中具有决定性的支配地位和主导作用，是科技广告的灵魂。当今，科学技术高速发展，新产品、新样式层出不穷。广告设计者要能通过调查分析，抓住自己宣传的产品的与众不同，或与同类产品相比的不同之处，及其可以满足消费者需求的特色，作为产品的主题加以突出。

科技广告文案结构形式具有自己的规范性，一般包括四个部分：标题、口号、正文、附文。

1. 科技广告的标题

科技广告的标题有着特殊的作用，它的写作形式多种多样，丰富多彩，根据目前广告标题写作的表现形式，以下几种形式是科技广告标题写作中常用的。

(1) 问答式广告标题

这种广告标题是使用得最广泛的一种。它是借用设问和反诘两种修辞方法，用提问的方式，引起消费者的注意和思考，产生共鸣，使消费者产生想去回答问题的欲望，从而加深印象。它有其常用的词汇和句式，如“难道……?”、“它是……?”、“谁不愿?”、“谁能?”、“怎么样?”、“为什么?”、“怎能?”等等。

(2) 新闻式广告标题

指采用新闻标题和导语的写法、形式的广告标题。这种标题为了加强广告的新奇性和可信性，把广告信息作新闻处理。采用新闻式标题的先决条件是，广告信息的本身必须具有新闻价值，必须是真实的，是新的事物和事件的产生和发现。一般而言，在新推出一种产品、企业有新的举措、发现了老产品的新用途、新特点等时，可以使用此类标题形式。

新闻式广告标题的常用词汇有：新、最新、发现、推出、首次、目前、现在等，作者在发现了商品、企业或服务的新状态、新趋向时，运用以上的词汇来写作新闻式广告标题。

(3) 承诺式广告标题

承诺式广告标题也称许诺式、利益式广告标题。这种广告标题的主要特点是在标题中就向人们承诺某种利益和好处。这些利益和好处可包括企业能给消费者的服务承诺、商品的优越性能、品牌的价值、价格的公道和赠品的多少、能给予的各种各样的附加价值等等。

承诺式广告标题的常用词汇大致有：免费、定能、优惠、美丽、气派、方便、减价、附赠等。

另外还有悬念式广告标题、故事式广告标题、对话式广告标题、假设式广告标题、解题式广告标题、对比式广告标题、赞美式广告标题、否定式广告标题等等。

2. 广告口号

广告口号又叫广告标语，或广告警句，在通常情况下，是用几个字组成一句富有感染力的话，用来传达商品、服务或企业形象的信息，广告口号的基本特征是寿命很长，有的广告词差不多会和商品的名称相始相终。

广告口号的写作，一般情况下，是企业形象的建立和品牌形象的建立。广告口号的类型是多种多样的，但按其写作技巧可分为以下几种类型。

(1) 赞扬式　这种样式口号的特点是写作者语气平和，态度自然，用直接陈述的方法，强调商品或劳务的特征、优点，加深消费者对产品的印象。

(2) 号召式　写作这类广告口号时，作者要成竹在胸、思路畅达，运用鼓动性的词语，直接动员、诱发和敦促消费者购买广告文稿所宣传的商品。

(3) 风趣式　创作这类广告口号时，写作者一般要轻松愉快，联想力丰富。要使用幽默的，刺激性的，具有人情味的，并能引人联想的风趣的笔法，强调商品或劳务的特征，显示出商品的优点，激发人们购买商品的兴趣。

(4) 标题式　广告口号放在广告标牌的位置，一身兼二任，起到代替广告标牌的作用。

(5) 综合式　写作者思路开阔，将多种表现手法和形式综合起来加以运用，以期达到使广告口号寓意更加深刻的目的。

广告口号与广告标题在写作上，都需要写作者进行精心的创意，在遣词造句上都要简洁、精练，做到字字珠玑，一字值千金，做到有强烈的时代感。

3. 科技广告的正文

科技广告的正文是广告标题的延续和细节部分的展开，对标题中提出的商品特色的消费利益给予解释和说明，证实或对广告对象的特点、功能等方面进行详细介绍。在实际中，大多数广告文稿的写作都是由正文作为传播信息、推销产品的主要载体的，广告文稿的正文在广告中起着重要的作用。

科技广告正文的写作形式主要有以下几种：

(1) 简介体　简明扼要地介绍企业的情况、商品的性能特点、服务的风格特色等。这种表现形式的特点是客观、冷静、有条不紊。这种形式适合在文字较多的媒体上运用。

(2) 新闻体　在特定的广告版面、广告时间里，用新闻报道的形式，即新闻报道的写作笔法、特有的文体结构写作广告正文。这种写作的表现形式适合于报纸、广播、电视三大媒体。其特点是借助新闻形式加强广告正文的新闻性、权威性。

(3) 分列体　把主要的广告信息分为若干项给予一一列举的表现形式。这种表现形式的特点是使广告观众在阅读中能够一目了然，在较短的时间之内，就能够将广告信息浏览一遍。一些商场、公司、企业等广告主体在总体地表现它的多种商品、产品系列时，就会用分列来简洁又明朗地进行表现。

(4) 公文体　公文体即采用公文的表现结构、特有形式进行正文的表现。这种表现形式的特点是能给人以客观、严谨、公正的感觉，能提高广告信息的权威性和严肃性。当然，也有广告人用幽默的方式来处理这种表现形式，以达到一种出其不意的效果。

除了以上几种外，还有格式体和论述体、证言体、自述体、故事体、诗歌体、散文体、歌曲体等等。

4. 附文

科技广告附文是科技广告文稿整体结构上的一个有机组成部分。它一般包括：产品、品名、商标、店址、电话、电报、价格、银行账号、销售日期、联系人等。在实际写作中，附文的内容不一定在广告文稿中出现，而要根据科技广告文稿的宣传目标和主题有所选择。一般说来，附文的写作形式较统一，多在文稿的结尾处，以类似条款的方式分行、分项写出。语言要求干净简洁。

三、例文简析

胆舒胶囊广告

大石化小，小石化了。

简析：这则广告利用现存的熟语，更换其中一字，以表达新的意思，这在修辞学上称“仿造”。仿造这一旧瓶装新酒的手法，使得仿造语不仅具有原语句那顺口流畅，通俗易懂的特点，还产生出新鲜、幽默的效果。仿造手法在广告中也经常采用，仿造给广告语言艺术增添了一道光辉，也产生了不少佳作，而舒胆胶囊广告口号称得上是仿造的范例。“大石化小，小石化了”是仿照“大事化小，小事化了”而造的，它除了一般仿造语所具有的顺口易记等特点外，还有其独到之处。首先，它十分自然、贴切。作为治疗胆结石药品的广告语，简洁明了地表述了药物的功能，也符合胆结石药物治疗的通常程序，非常贴切，又不显得牵强做作。其二，在语义上仿造语与原语之间保持对应性。对患者来说，“大石”就是“大事”，“小石”就是“小事”。从大石到小石再到完了，这与从大事到小事再到完了，二者在患者的感情上方向是一致的。仿造语与原语如此吻合，实不多见，真是奇妙。其三，由于原语“大事化小，小事化了”具有轻松随意的意味，仿造语“大石化小，小石化了”因之也带上了这种轻松不在意的语气。这种语气用在药品广告语上，不仅是对患者的一种安慰方式，而且显示出药到病除的信心和能力。

春兰牌空调广告

科学家预言：地球将越来越热。

只要你拥有春兰牌空调，

春天将永远陪伴着你。

简析：在春兰牌空调制作的广告之中，这个广告使用的时间最久，也最为深入人心，连最不爱看广告的人也能背诵。广告导语“科学家预言：地球将越来越热”，耸人听闻，却有其科学依据，因此不能不令人关注，产生几分忧虑。广告正文“只要你拥有春兰牌空调，春天将永远陪伴着你”，针对广告受众的忧虑，提出了对付炎热天气的办法，平息了导语激起的思想波澜。这样一“激”一“平”，春兰牌空调就自然而然地占据了人们的心智。“春兰”带来春天，形象鲜明，意境优美，也给人们留下美好的印象。

第二节　科技产品说明书

一、产品说明书概述

说明书在被说明的事物和读者、观众、用户之间，起着“媒介”、“桥梁”的作用。例如，有人想买一件新产品，就要阅读产品说明书，了解它的性能、特点和使用方法，以便合理使用。由此可见，说明书和人们的工作、学习及生活有着极为密切的关系。随着现代化建设的发展，新产品日益增多，说明书的使用也越来越广泛。在新产品开发中，常见的科技说明书有：设计说明书、产品说明书、操作说明书、安装说明书、使用说明书，标准编制说明书等等。这里只介绍产品说明书。

产品说明书的种类，按产品的简繁和说明的目的，大体可分两类：一类是向用户简明扼要介绍产品内容的产品说明书；一类是向用户全面介绍产品内容的产品说明书。一般说来，前者多用在民用商品、医药等方面；后者多用在运输工具、机床、仪器仪表等方面。

（一）产品说明书概念

说明书是以说明为主要表达方式，用准确、简明、通俗的文字说明，着重对产品的性能、特点和操作规程、保养及使用方法等向广大读者、观众、用户作介绍的一种应用文。科技说明书是说明书的一种。

产品说明书是科技应用文中使用范围最广、适应面最大的一种文体，它要用简明通俗的语言对产品进行介绍，以期用户对产品有所了解，从而以期广开销路，扩大产品使用范围。具体地说，产品说明书是生产单位向用户介绍产品的用途、性能、使用和保管等情况时所写的准确、简明、通俗的文字说明。它广泛用于生产、科研、经济和商业领域，大多随产品赠送，深受生产单位重视和广大用户的欢迎。

（二）产品说明书的作用

产品说明书的主要作用是指导用户了解产品的用途、性能、使用和保管等，以便用户顺利地、有效地使用产品。同时，产品说明书又是印刷形式的推销员，是生产单位推销产品的一种重要宣传工具。它起到宣传产品、扩大销售、促成用户购买的积极作用。另外，产品说明书还能提供科技资料和产品情报。因为它所介绍的产品大多技术成熟，数据可靠，有的直观性很强，可供科技人员选型、制作和设计新产品时参考。

1. 传播知识、说明产品、指导用户

商品说明书就像一座桥梁，一头连着企业，一头连着消费者。企业通过说明书介绍阐述自己产品的特色、功能、长处，宣传企业的信誉、质量，使人们获得理性的认同，给人留下良好的印象，并进而达到推销产品、增加利润的目的；而消费者则通过阅读说明书来获得知识、了解常识、认识商品、掌握商品，以便于购买、使用和保养，不断提高使用水平。

随着人类文明的不断进步，现代科学技术的日新月异，各种新型产品、技术的更新换代，尤其是一些高科技产品、电子产品、化工仪表产品都日趋精密尖端，不仅价格昂贵，有些产品还带有一定的操作难度和危险性。因此，它们的原理性能、安装使用、维修保养就更得借助于商品说明书的指导点拨了。所以说，商品说明书在说明产品的同时，还可以传播知识、指导消费，使消费者从理智上深入了解产品，从情感上愉快接受产品。

2. 刺激需求、宣传产品、促进销售

商品说明书虽然不是经济广告，但它在一定程度上也起着不容否定的广告宣传、推销产品的作用。当前，有不少企业舍得花本钱去印刷精美考究、图文并茂的产品说明书，正是因为激烈的竞争，已使业主们明白了一个通俗的道理——精美考究的说明书的作用已远远超出了“说明”的范围，而是更大程度地向宣传竞争靠拢。因此，优质精良商品，再配以恰到好处的说明书，可以使产品锦上添花，使企业如虎添翼。一定力度的说明宣传，完全可以刺激需求，唤起购买欲望。故而商品说明书也具有广告宣传及促进市场活跃、购销两旺的作用。

当然，商品说明书与广告毕竟是两种不同的文体，尽管它们有着某种程度的相似之处，但更多的是它们还有着根本的区别。这区别体现在两个方面：一是商品说明书首先是具体商品、技术的附属品，它一般不独立存在；而广告则完全可以脱离产品出现在其他各种广告媒体上。二是商品说明书主要用于售后服务，指导消费，重在介绍说明商品的规格质量、性能原理、使用方法、维修保养、注意事项等；而广告则主要用于售前、售中的宣传舆论，重在鼓动、诱导、吸引消费者的购买欲,至于售后服务就不是它的主要作用了。

3. 交流信息

随着科学技术的迅猛发展,信息情报的传递和交流愈来愈频繁,在物质生产的经济活动中,产品说明书从原始的解说手段一跃成为交流信息互通情报的重要工具。一些企业借助产品说明书进行技术改革、产品研制、开发生产,它的价值已被工商企业、文化团体、科研机构所重视。

二、科技产品说明书写作

要写出一份好的科技产品说明书,必须对产品有充分的认识和深刻的了解,要掌握产品的各个方面,这样才能言简意赅、要言不烦,突出产品最主要的特点。写作产品说明书还要考虑表达手段的多样性,不但要写好文字,还要借助于照片、图画、表格等,使说明书包容尽可能大的知识量。此外,产品说明书大多随产品赠送,为表达理想的宣传效果,应注意文字的洗练,封面设计、美术装潢要美观,选用的照片要构图精美、彩色鲜艳。只有各种因素互相配合,才能得到一份理想的产品说明书。

(一)科技产品说明书,一般可按下列要求写作

1. 封面

封面上最好印有实物照片或外形图,印有醒目的图标,标题往往是产品的名称,还应标明生产日期。一般包括产品名称、产品照片或外观图、商标和生产单位名称。设计封面时要突出产品,力求庄重、醒目。

2. 目录

标明各章节名称及页码。

3. 概述

产品说明书的概述和学术论文的概述一样完整,往往比较简短,包括产品名称、设计目的、用途、工作方式、概述、说明产品设计的目的、产品的性能、特点、原理、产品的使用范围和使用条件等。

4. 主要技术指标

列出产品的各项性能指标,产品工作条件的数据范围(如温度范围、压力范围、电源电压以及电压的变化范围等)。对于较精密的仪器、仪表,还应列出仪器、仪表的精度、误差范围、产品的体积和重量等。

写作时一般先列出技术数据,后写电源、体积重量方面的数据,具有数值范围的要明确标出,要使用标准的符号。

5. 工作原理

简略叙述产品是根据什么原理设计的,对于特殊的机构和特殊的电路要作较详细的介绍。原理部分应起两个作用:首先是让用户对产品有较深入的认识,其次能使用户对于操作程序有较深入的理解。原理知识还可以帮助用户维护和检修产品。一般说来,复杂的仪器、设备的工作原理的介绍都比较详细;而结构简单的仪器、设备的工作原理的介绍则比较简略。

6. 使用方法

按操作的程序分别逐条列出每一个操作的要领。同时还应指出必须注意的事项,对于

容易损坏的部位要特别予以强调说明。这在使用说明书更是必写的内容。

7. 维护修理

强调产品保养的方法，对于较复杂的产品还要指出常见的故障以及简单的修理方法。其中故障这部分内容是专为使用者在碰到故障时阅读的，一般采用三段（故障现象、原因分析、排除方法）或四段（故障现象、原因分析、排除程序、排除方法）的表格表达方式。

8. 零件表

列出所有零件的型号和规格。

9. 原理图

包括结构图、电路图等。民用产品使用说明书，一般对产品的科学原理不作繁琐的阐述，一笔带过。

10. 封底

封底正中可标明醒目的商标，注明厂址、电话号码、电报挂号，有的还注明厂休日，便于用户识别、联系。

（二）撰写产品说明书应注意的问题

1. 要有高度负责的精神。生产产品的目的在于满足人民日益增长的物质和文化生活的需要。要为用户着想，必须实事求是地向广大用户宣传，充当忠实可靠的生活顾问。

2. 要有严肃认真的科学态度。写产品说明书的时候，要认真调查研究，充分占有材料，抓住产品的本质属性和特点，不夸大，不缩小，不走样，才能写出科学、准确的文字说明。

3. 要有通用语言文种。一般内销产品只有中文说明书，外销产品应当有通用语言文种，例如英文说明书，有的还要有其他外文说明书。外销产品说明书除了有多种通行文字外，还要注意外国的民族风俗，注意图案的选择和印刷的精美。产品说明书的语言要浅显、简洁、生动，让人一目了然。那些华丽的形容和不实的描绘，往往令人生厌。另外，应尽量少用专业名词术语；非用不可的，也应作适当的注明。

4. 要抓住关键问题。写说明书必须抓住事实的关键问题进行阐述，特别是有关指导某些实验或生产实践的说明书，更应该这样。所谓抓住关键，也就是抓住事物中最紧要的部分，抓对事物的产生、发展和变化起决定作用的因素。如果关键部分没有抓住了，没有说清楚，那么读者对所要说明的问题就理解不了，就不能参照说明书去实践。

三、例文简析

封面

M320

三菱手机

· 4096 色缤纷彩显

· 彩色图片个性下载

· 超大屏幕更开阔

· 美妙铃音随心下载

· 精湛尽显工艺之美

主要功能

◆ 支持 GPHS

- 彩色图片下载
- 和弦铃声下载
- WAP 上网
- 中文短信息
- 中文短信息预存(20 条、可自编)
- 短信息手机存储(约 100～150 条)
- 电话本(255 组名录)

  每组包括:家庭电话、移动电话、单位电话、传真等条
- 短信息多址发送
- 图形显示菜单
- 时钟屏幕保护
- 带闹钟提示的日程表
- 来电震动提示
- 录音(2 分钟)
- 免提接听
- 语音拨号
- 世界时钟、闹钟
- 计算器、货币转换
- 红外数据接口
- 智能卡应用工具(SIK)

  需网络支持

标准配置

手机主机

标准锂电池

旅行充电器

技术参数

双频： GSM900/DCS1800

尺寸： 115.5×19.9 毫米

重量： 95 克(含锂电池)内置天线

彩色液晶显示屏： 4096 色　128×141 像素

通话时间： 3～5 个小时 *

待机时间： 70～350 小时 *

* 通话/待机时间视网络情况,温度环境,充电及使用程度,SIM 卡种类等因素的影响而略有不同。

可选配件

标准锂电池

旅行充电器

标准耳机

数据传输线

封底

三菱数源移动通信设备有限公司

杭州工厂:杭州经济开发区十号路23号　　邮编:310018

客户服务热线:010－88210755　010－88210766

公司地址:www.mitsubishi－telecom.com.cn

手机入网证号:02－4881－022471

产品型号:MT－560

简析:这是一篇较为典型的介绍手机的产品说明书,文字说明简单明了、通俗易懂。特别是封面部分,概括介绍了手机的总体特点,采用具有诱惑力的字眼,吸引人们的注意力。如:"缤纷彩显"、"超大屏幕更开阔"等。正文由主要功能、标准配置、技术参数、可选配件四部分组成。主要功能部分采用逐条说明的方法,详细介绍该产品的独特功能。技术参数分别说明了手机的双频,尺寸、重量、显示屏等的不同数值,让人一目了然。封底部分标明了该手机的生产地址,服务热线,E－mail地址。

本文的这种介绍方式一般用在新产品的说明上。

思考练习题

1. 科技广告的含义?
2. 广告的标题和广告口号有何区别?
3. 广告写作有哪些主要要求?
4. 你认为科技产品说明书有哪些作用?

第六章　科技情报和科技简报

第一节　科技情报

一、科技情报概述

(一) 科技情报概念

情报学是一门十分年轻的科学，是研究社会交流过程中的情报现象和情报系统规律的一门科学。

情报是情报学的一个基本概念。人们在长期的情报工作实践中，对“情报”的基本含义，已经形成了大体相近的看法：情报是一个多因素的概念，其基本因素至少有三个：

一是用户的需求，即用户为解决某个问题，达到某种目的的需求，这是情报的目标。二是对用户有使用价值的知识。这是情报的内容。三是通过信息载体所进行的传递。这是情报的手段。由此可见，情报是指通过各种媒介的传播，使人们获得有使用价值的知识和信息。

科技情报又叫科技情况报告。它是指通过一定的传播手段，使人们获得的有使用价值的科学技术知识和信息。

(二) 科技情报工作的内容

科技情报工作由情报的收集和整理、情报研究、情报传播三个工作环节构成。

收集和整理包括科技文献的收集；科技文献的整理；科技文献的保管。

情报研究包括情报研究的特点和方法；情报研究成果的表达形式；情报研究成果的评价。

情报传播包括科技文献的阅览、外借、复制；科技文献的宣传报道；科技文献的参考咨询和文献检索；科技文献的编辑报道。

科技情报研究是科技情报工作的重要的组成部分，又被称作科技情报调研，它不仅要对各种情报进行“化合”、“提纯”，还要求研究者具备能够创造知识、运用知识的能力和技巧等。实际上，科技情报研究并不是科技情报工作者“独家经营”的工作，各类科技人员也常常需要亲自动手进行情报研究。

二、科技情报的作用和特性

(一) 科技情报的作用

科技情报作为一种信息资源，在现代社会发挥着越来越重要的作用。

1. 能为国家科技部门和企业的生产经营提供决策服务。

科技领导机关在制定国家高科技发展计划时，需要通过科技情报了解国际高科技的现状。企业在开发新产品，引进新项目的过程中，也要收集大量的科技情报。

2. 科技情报及时准确地报道某学科、某专业领域的科技动态，为科技工作者提供必要的科技动态服务。

科学技术要赶超世界先进水平，就必须了解某一科学研究领域最新的动向和最先进的水平，而后订出切实可行的奋斗目标。这样，才不会总是跟在别人后面，走到世界的前列。

3. 科技情报篇幅短小精悍，信息集中全面，具有一定的学术价值，为科技工作者节省大量的时间和精力。

在科技信息日新月异的年代，科技工作者都要充分利用科技情报的便捷条件，高效率地开展科学研究、技术革新工作。科技情报简短、综合的独特作用，大大有利于科技工作的开展，使科技工作者从繁重的收集、查阅和分析研究大量原始文献资料的负担中解脱出来，增加了纯科研的时间。

（二）科技情报的特性

1. 知识性。科技情报反映的是某一科技领域的知识，既可以被人们吸取，扩充知识量，也可以直接转化为生产力，现代社会科学技术的迅猛发展更离不开科技文献的贡献。

2. 传播性。凡科技情报都可以用某些方法与手段来传播、交流，只有迅速传递才能使知识成为情报。写作科技情报的目的之一是使科技信息能广为传播。

3. 效用性。科技情报的价值在于能解决科学研究、生产实践中的特殊问题，产生某种效益。内容准确，传递方向对头，传递速度快的情报，它的效用性就好。

4. 商品性。现在，越来越多的科技情报可进行生产和销售，科技情报作为一种信息资源，在市场经济中逐步成为一种商品。

三、科技情报的分类

科技情报按照科技情报工作内容，可以分为三类：即整理型科技情报、研究型科技情报、传播宣传型科技情报。

整理型科技情报包括标题和著录。标题揭示一份科技文献的主题。著录是按照一定的格式，把科技文献的特征写出来。

研究型科技情报包括综述、动态、述评、学科总结、专题总结、手册、年鉴等文体。

传播宣传型科技情报包括新书通报、图书目录、论文索引、文摘、科技新闻、科技简报等形式。

第二节　科技情报写作

一、科技情报的写作要求

1. 迅速、及时。科技情报作为一种信息资源，旨在为广大科技工作者提供信息，要求迅速、及时。

2. 言简意赅。科技情报要求以较小的载体容纳较大的信息量。即要求形式的短小精悍，要求内容的具体充实。科技情报的语言力求简洁有力，雄辩而富有说服力。

3. 客观、规范。科技情报写作必须实事求是，客观地反映动态，对内容作客观报道。行文规范是指科技情报应按着各种问题相对惯用的格式和规格来撰写，主要是对作为检索用的索引、文献等科技情报而言的。

二、科技情报类文献的写作

（一）索引

1. 索引的概念

索引是把一种或一批相关文献的著者、篇目、出版、内容等按一定的方法编排，为人们提供查找线索的检索工具。

索引所著录的往往是一个完整文献的一部分。它比目录揭示文献的内容更深入、丰富。索引通过简练的文字、图表、数据深入说明原文中的关键性问题，完成指示检索的职能。

2. 索引的种类

索引的分类方法多，名称也多。常用的索引有篇目索引、内容索引、著者索引。

3. 索引的编写

索引编制有基本固定的程序与格式，以期刊论文为例：

著录项目包括论文篇名(含副标题)、作者、刊名、年、卷、期、文献起止页码。外文期刊论文，则在篇名前加中文译名，在页码后注上文献的文别，并加括号。两个著者，同时著录，三人以上者只署第一编者，后加等字。

（二）文摘

文摘是以提供文献内容梗概为目的，不加评论和补充解释，简明、确切地记载文献重要内容的短文。它是系统报道、积累、查阅文献资料的重要工具，是文献资料的精粹。

科技文摘是指对科技文献主要内容的摘述。在科学技术迅猛发展的今天，科技文摘的使用范围较大，一切科技工作者不可不阅读科技文摘，写科技论文同时要写科技文摘。企业要进行科研，也要收集科技资料，撰写科技文摘。同时，随着科学技术事业的繁荣昌盛，文摘的使用频率将会越来越高。

1. 文摘的分类

文摘可以从不同的角度来分类，通常按传递情报信息的情况可分为以下三类：

(1) 指示性文摘，也称简介。它往往用简明的语言介绍原始文献论述的范围和主要内容，对读者起提示、指示作用，主要帮助读者决定是否阅读原文，读者不能从中获取足够的信息。这种文摘的外在模式是篇段合一，字数一般在100字以内。

(2) 报道性文摘，也称情报性文摘。它是概述原始文献的主要论点、研究过程、创新内容并得出所包含的定量数据的一种文摘，是原始文献内容的高度浓缩，内容比较全面，字数一般在300～500字。读者阅读这种文摘，一般可以不读原文，即能了解文献的主要内容，决定文献的使用价值，便于取舍。

(3) 指示性文摘。指示性文摘简明而内容不够具体，在专业科技文摘刊物上，这种形式的文摘运用较为广泛。

2. 文摘的编写步骤

不同类型的文摘虽然有各自的编写要求，但编写的步骤大体相同：

(1) 阅览一次文献。通过浏览一次文献，初步了解主要内容，判定该文献所含情报的价值，做出该编写何种文摘以及如何编写文摘的决定。

(2) 分析一次文献的内容。一次文献来自科研和生产实践第一线，其数量大，内容复杂，分散而不系统。在编写文摘时，要对一次文献的内容进行分析综合，在分析综合中掌握作者的基本观点、写作思路、分析方法、使用资料情况等诸多方面的内容。

(3) 选择和确定内容要素。构成一次文献的基本要素，也是文摘的基本要素，如：研究的对象、目的与范围、采用的方法、所得的数据与结论等。对这些基本要素要在认真分析的基础上，选择并确定反映文献主要内容的要素。

(4) 撰写文摘。经过内容的分析和要素的选择、确定，文摘员已经有了一个基本的创作思路了，接下来要做的便是用平实的语言将内容要素表达出来，写成一篇短文。

(5) 核对并慎重定稿。文摘初稿写好后，要将文摘的内容要素与原文反复核对，对照数据是否准确，概念是否正确，文字是否简约直到确信准确无误后慎重定稿。

3. 文摘的格式

文摘通常由著录事项、文摘正文、补充著录事项三部分构成。

(1) 著录事项

分类号。根据科技文献所属学科，按照文献分类法的分类规则，给以相应的类号。

文摘号。为方便检索而设的顺序标记。

文献题名。文题、篇名。

作译者。作者或译者的姓名及工作单位名称。

文献出处。包括出版物名称、书名、国别、专利号及专利申请批准日期、科技报告代号、会议名称及会议届次、内容、地点、日期等。

(2) 文摘正文

文摘正文部分一般含有前提说明、主题范围、方法、结果、结论等内容。但不同类别的文摘，正文部分的内容也不同。

指示性文摘。仅定性地介绍原文研究的目的、对象、范围、角度、结果、结论等，通常不包括具体的过程或定量的数据资料。

报道性文摘。摘要内容一般包括：原文主题背景、范围、对象、目的；所用的理论、原理、材料、方法、装置、研究过程和条件；所得结果、结论、数据、新的发明、新的发现、与过去相反的观点；对结果的分析评价、存在的问题、今后研究的课题、建议等。

(3) 补充著录事项

附注。一次文献中所附参考文献、图、表或其他附件数目，对原文明显错误、相矛盾论点、不正确思想或科学概念等加注说明。

签署。包括编、译、校人员的签名。

4. 编写文摘注意事项

(1) 忠实原文，不加评述。

写作文摘只有真实地反映原文的主要内容，不反映情报人员的主观意见，更不能加入个人的观点。在分析原文时，应准确地把握原文的主旨。

(2) 文字要言简意赅。

文摘最大的特点是要较快地传播科技情报，写作上要求言简意赅，要避免重复原文标题，尽量避免公式或图表，若非用不可，也应尽量压缩。

(3) 用第三人称，显示真实性、客观性。

附：文摘的写作格式：

分类号　　　　　　　　　　文摘号

中文题名/著者//刊名——年，卷(期)。——所在页码

文摘正文。　　图 X 表 X　参 X

(文摘员)

(三) 综述

1. 综述的概念

综述是对特定问题在一定时期内的情报资料作综合叙述的一种文体，是比较全面系统而概括地传递各种情报信息的载体。有关学科的综述叫综合性综述，有关技术或产品的综述叫专题性综述。

2. 综述的特点

在内容上，具有情报学的特点。综述所反映的全面系统的情报资料，能够为科技、学术研究活动以及决策和管理提供参考和借鉴。

在工作上，特点在"综"和"述"上。"综"即"综合"，它是综述的灵魂。综合包括纵的综合和横的综合。在纵的方向上，能全面系统地反映研究对象的历史、现状和发展趋势；在横的方向上，能全面系统地反映主要国家、主要科研机构或主要科学家、生产单位的实际水平。

"述"即"描述"，它是综述的主要手段。对所选用的资料作客观的叙述与说明，编者述而不评，不议论、不预测、也不提建议，即"述而不评"。但是，尽管综述要求"述而不评"，但纯粹的客观的综述是不存在的，只要是综述，就必然在一定程度上反映作者的见解和倾向。

3. 综述的格式

各种类型的综述由于目的和服务对象不同，具体编写时的格式也不尽相同，但综述的格式大体可以归纳为如下几个部分：

(1) 标题　标题一般要求直接表明综述的对象和范围，无固定的写法。

(2) 前言　这一部分一般要求以简短的篇幅扼要交代编写本综述的原因、目的、意义、有关的背景情况(如资料来源、参与单位、科研形势等)及正文的基本内容。有些综述也可不写前言，落笔直入正文。

(3) 正文　正文一般包括既往状况、当前状况、发展趋势三部分。这一部分是综述的主体部分，主要对综述对象的历史发展状况和特点作简要的回顾；详细说明当前国际、国内情况，包括有关的科研成果和存在的问题等；最后提出相应的建议，并对论题对象的未来趋向予以展望。

正文部分在写作时，可以采用纵式、横式、纵横交叉式来安排材料。所谓"纵式"即是以时间为序，按综述对象发展的时间顺序来写。所谓"横式"即是依据题材的性质或问题的逻辑关系来写。所谓"纵横交叉式"即是前面两种方式的综合运用。

(4) 结束语　这一部分主要是对正文内容进行小结，往往简明地概述编者在综述材料的研究中所得到的结论，以及存在的分歧意见和待解决的问题。有的综述结语的内容已包含在正文中，全文即无结束语。

(5) 参考文献　这部分是本研究的依据，为读者核对或进一步研究提供索引。

(四) 述评

1. 述评的性质和意义

述评也称评论、评述，是针对某一学科、某一专题或某一研究成果，全面收集国内外的有关文献，经过整理、鉴定、分析和综合进行论述和评论的一种研究报告。它在供领导、决策部门制定方针政策和科研规划，帮助科研人员开阔视野、选题定向，为工程技术人员选择技术路线和技术设计等方面具有重要的参考价值。

2. 述评的特点

（1）首先在于“评”。它通常是评论课题的理论意义或课题可能应用的范围以及某一成果的技术价值，指出其优缺点等。

（2）第二个特点是“述”。它可对特定课题的原理、实验方法、结果分析或制造工艺等细节作详细的描述。

（3）与综述相比，它具有通俗性。述评的读者面比较广，文内不宜不加诠释地使用过多过深的专业词汇。

3. 述评的写作格式

述评一般分为绪言、介绍历史、现状分析、建议与预测、结束语、附录这几部分。

（1）绪言　这一部分简明扼要地介绍评述对象的基本情况。说明选择这个题目的目的和意义，并简要地说明本文的内容、性质、本文适用的范围等。

（2）介绍历史　这部分一般要求以时间为纲，简要介绍本课题在各个阶段的发展情况，特别要指出重大进展阶段发生的条件、特点和意义。同时还要从纵的方面对各阶段发展情况进行对比分析。

（3）现状分析　这部分从横的方面综合分析本课题在不同国家或不同地区研究的现状、水平、条件、成果、经验、存在问题、发展动向以及国家或地区在这方面的政策和需要解决的问题。

（4）建议与预测　参照国外的情况，考虑国内的条件和可能，在以上分析和评论的基础上，提出应采取的技术途径、发展步骤以及其他切实可行的意见、建议，并对本课题未来的发展趋势、发展方向、可能出现的问题及影响等做出科学的预测。

（5）结束语　这部分一般用来概括总结全文的内容，结束语是正文未尽之言，而又是必须补述的话，如果正文内容比较集中、具体、明确，结束语可以不写。

（6）附录　主要是参考文献目录。

三、例文简析

例文一：

文　摘

分类号　　9107057

提高产品质量的主要方法＝Basic tools for quality improvement［刊，英］/Caulcutt Roland//Process Eng.（Gr. Brit.）.——1990，7/（2）。——48－49 分析了大吨位化工生产中使用的提高产品质量的主要方法。提出了两种质量监督方法：“程序过程综合图”和“层次散射图”。叙述了应用这两种方法的特点。简要叙述了分析生产过程的 7 种主要方法：帕雷托分析法、因果图表法、分层法、柱式图解法、散射图、斯图尔特监督图、程序方框图法。

图/3

（陈云卿）

简析：这是一篇文摘，“9107057”是文摘号，91 表示 1991 年，07 表示这本刊物第 7 期，057 是这篇文摘在该期中的顺序号。“提高产品质量的主要方法”是文献的中文题名。

“Basic tools for quality improvement”为英文题名。[刊，英]，前者表示这篇文献为期刊论文，后者表示英文文种，“/Caulcutt Roland”是文献作者。“//Process Eng.（Gr. Brit.）.”是整体文献题名。“——1990，7/（2）”为出版时间、卷期。“48－49”为文献所在页码。文摘正文之后，“图/3”表示插图数目，最后是文摘员姓名。

例文二：

高清晰度电视技术的现状与展望

冯　严

目前，世界上存在三种电视广播制式：NTSC 制、PAL 制和 SECAM 制。这些彩色电视系统由于受传统技术的限制，图像质量，特别是清晰度很不理想。通常标准的电视系统仅能提供 330 线的解析度，显然不能满足当今人们对电视机清晰度日益增高的要求。为此，日本广播电视协会（NIIK）经过 20 年的努力，终于研制成功一种高清晰度电视（HDTV）。

HDTV 比目前的电视清晰度高 5 倍以上。扫描线从现在的 525 条增加到 1125 条；每条扫描象素从 720 个增加到 1920 个；画面的宽高比从现在的 4:3 增加到 16:9，与电影屏幕成同样的比例。过去认为，在画面高度 7 倍以上距离外看电视是理想的，但对于 HDTV 来说，即使在 3 倍的近距离也能欣赏到鲜明的图像，其图像的分辨力大幅度提高，完全可以与 35 mm的彩色电影质量相媲美。HDTV 不仅为我们展示了未来电视的新制式，而且必将引起现有电视制式的技术革命，成为未来电视系统的主流。

但是发展 HDTV 也有一定的困难。虽然高传真的画面受到广泛地欢迎，但它与现形电视系统不能兼容。不但发送装置及接受装置完全不同，而且从彩色摄像机到显像装置的整个系统全无相容性，均需彻底更换。为此，NIIK 开发了高析像 2/3 英寸硒碲砷光导摄像管，全自动配准控制、35 mm激光胶片录像、50 型背面投影显示器、扫描图像转换等一系列新技术。另外由于 HDTV 需要在 VHF 频道占用 5～6 个信息带宽才能达到表现细腻图像质量的目的，以目前的情况来说，这显然是不可能的。因此，NIIK 又开发了频带压缩传输系统（MUSE），把一个图像分为 4 个部分传送，而在接收端成功地采用图像复原方法，利用人造卫星方式使用 9 个频道来进行。还有 HDTV 是针对未来电视系统所提出的计划，还有待于世界各国的一致认可方能在世界范围内推广实行。日本几年前就向国际无线电咨询委员会（CCIR）提交了关于 HDTV 标准的报告，由于美国和欧洲的反对而未能执行。日本建议扫描线为 1125 条，帧频为 60Hz，宽高比为 5：3，而 CCIR 根据美国的意见建议高比为 5.33：3（即 16：9），主要考虑了与现行电影画面的比例问题。欧洲国家强调这种 MAC 系统的主要优点在于与目前他们的电视系统以及 35 mm电影系统相容，且他们认为 HDTV 所用帧频应为 50Hz。看来，即将在今年召开的 CCIR 全会上必将有一番关于 HDTV 的激烈争论。但无论怎样，HDTV 必将是未来电视系统的主流。

鉴于以上推行 HDTV 的一些困难，最近几年在数字电视基础上发展了一种比数字电视更为先进的电视接收技术，即改进的清晰电视（IDTV），它是目前电视技术发展的一个重要方向。其主要特点是对现有的电视制式不作任何改进，而只在接收端运用先进的图像处理技术，使之能达到提高图像清晰度的目的。由于它的这一特点，因而与 HDTV、EDTVB 相比，更容易率先实现商品化。目前，市场上不少号称解析度已打破记录的电视机，其中多属IDTV。日本NEC、东芝、松下等主要电视机生产厂家均已推出各自的IDTV产品，预计今后几年内电视机市场将逐渐被IDTV所占有。IDTV主要采用以下两种新技术：

场内/场间动态自适应扫描补偿法，把原来的隔行扫描变为逐行扫描，从而消除了由隔行扫描变化带来的各种干扰。

采用帧内/帧间动态自适应Y/C分离法，消除了亮度信号的互串，因此图像的垂直清晰度提高约50%。并消除了滚动、行间抖动、大面积闪烁等缺点，而且把频谱交错带来了一些弊端，如亮度信息与色度信号间的互串，彩色副载波的亮点干扰，微分相位失真等基本消除。

去年日本电子展览会上，索尼、松下、东芝公司竞相推出水平解析度均达800线的IDTV。由于IDTV还采用了数字帧循环降噪技术以及带宽图像中放，锁相环同步检波、动态聚焦、高压稳定等技术。因此IDTV与普通的数字电视相比推进了一大步。

另一种高清晰度电视是增强型高清晰度电视(EDTV)。它是用高清晰信号来提高图像清晰度的。日本政府已经批准并实施EDTV的第一方案。EDTV的目标是继续维持与NTSC制相互通用的方式，而将NTSC制的缺点如闪烁、画面质量粗糙等加以消除，为此在传递和接收两方面均需充分利用最先进的图像处理技术以及大规模集成电路技术。这样将拥有525条扫描线及水平解析度超过450线的高质量画面，而且彩色效果也将大为改善。EDTV的第一方案主要包括用逐行扫描的EDTV作为演播的信号源，采用自适应加重法，增加图像较暗时的预加重量，使得图像较亮时，预加重量较小，使图像在较暗时能保证轮廓的清晰度；补偿由于发端校正造成的色饱和度较浓图像分辨力的下降；发端插入消除重影的基准信号等。第二方案除保留第一方案的全部特点外，还加入了提高清晰信号插入亮度信号的高频部分的频域多重复合技术，使图像的水平分辨力提高约50%。另外扩大色信号的帧域范围，加宽屏幕，使宽高比从原来的4∶3变为16∶9。由于目前对大屏幕电视机的需要日益增加，EDTV已成为发展高清晰度电视的另一个重要方向。

在IDTV、EDTV、HDTV这三种高清晰度系统中、IDTV由于不需改变制式，而且与现行电视制式相兼容，因而发展最快。IDTV电视机的商品化，把近几年才发展起来的数字电视技术向实用化推进了一步。EDTV对现行制式只需稍加改进，它既能与现行制式相兼容，在各项指标方面又接近HDTV，其发展速度也相当快，HDTV由于不能与现行电视制式相兼容，因而只限于剧场、有线电视及电视卫星中。目前，HDTV技术也在发展之中，日本NHK开发的MUSE系统在未来5年内即将问世，现行与MUSE信号全无相容性的电视机只需加装一个大型转换器，便可接受MUSE的HDTV广播信号。

展望90年代，随着电子技术的发展，我们可望欣赏到高质量的高清晰度电视。(《电子世界》1990年9期，总132期)

简析：这篇综述共分8个自然段。第一自然段是前言部分，第二自然段到第六自然段为主体部分，第七和第八自然段是结束语。前言概括了目前世界上存在的三种电视广播制式，指出其清晰度不理想；日本NHK经过20年努力，已研制成功HDTV高清晰度电视，紧密联系题目，十分精练。主体部分，作者对HDTV、IDTV、EDTV三种新制式分别进行了介绍、对比，共分三个层次。每一层次都作了详尽的分析介绍，理论、数据丰富，有重要的参考价值。尤其是将三种新出现的制式与旧有的三种制式以及所出现的三种制式之间的交叉比较，具有较强的可信性，为有关读者提供了国外的发展行情和研究、生产、设计的借鉴。结束语部分则对未来进行预测、展望。

例文三：

风能利用的再崛起

风是空气流动的现象，气象学中常指空气在水平方向的流动。根据风对地面（或海面）上物体所受影响的程度，可以定出风级，用以估计风力的大小。蒲福风力等级表有十七个等级，例如无风是零级，飓风是十二级。

风能是自然能的一种。它的利用在世界上许多国家有悠久的历史。通过风车的作用，广泛用与农业、林业、牧业、手工业等，代替笨重体力劳动，提高生产率。风大，固然有大的破坏能力，但是值得注意的是它所带来的能量也大。例如风速提高一倍，风能会提高八倍。我国沙漠总面积达十六亿亩，约占国土的百分之十一。其中百分之九十八分布在西北六个省、区，风大沙多。在春末夏季可达大风到狂风程度。许多地方已经设立防风林，克服了“沙丘压庄园，流沙埋农田”的破坏后果。从表面上看来，一旦防风了，那里还有风能可利用，防风和利用风能似乎是矛盾的，实际上却是一致的，因为利用风能的结果，会使风力减弱，起到防风效果。这就要求我们全盘规划，把祸患变为造福的泉源。

本世纪初开始，由于石油和天然气的开发，一部分用风力的装置改用它们为能源，但却引起污染问题。七十年代以来，因为风能取之不尽，用之不竭，没有污染，沙漠和无水源地区都可使用，许多国家再把风能作为主要能源之一。

一、转化为动能，从几百年前风车能自动地定向以来，风力开发方面向前迈进一大步。风车现在又称风机，是把风能转化为动能的动力机械，由风轮、支架、传动装置等构成。有卧轴式和立轴式两种。前者的风轮方向随风向的改变而移动，务使风帆向风；后者的风轮方向使迎风一面的风帆被推动而旋转，任何风向都可。风车可大可小，根据需要而定。农业上用与灌溉、种草、铡草、磨谷、轧棉等。林业上用于植树、造林、锯木、刨木等。牧业上用于牲畜饮水、冲洗等。手工业上用与机械化、半机械化等。交通上用于帆船等。我国有辽阔的沙漠地区，利用风能大有可为，不但有重大的经济价值，而且有深远的政治意义。

二、转化为电能，这是当前风能的最大利用。电能是现代大生产的技术基础。我国科学家对此早已十分重视，在长城八达岭、新疆吐鲁番、吉林白城等地进行调查、研究、试用，取得满意的结果。长江口外的舟山群岛上有风力强大的电能试验装置，供渔农机械厂等应用。浙江嵊泗列岛的泗礁岛被国家科委确定为新能源岛，建立十八和四十千瓦风力发电站各一座，运转正常，发生的电并入嵊泗县电网，还配有电渗析海水淡化装置，真是一举两得。据初步估算，我国风能总量大约是十亿千瓦，相当于目前全国发电量的二十倍，是前途无量的。一九八〇年美国制订了加速风能利用的计划，预计一九九一年之前，风力发电量将达八十万千瓦。坐落在华盛顿州的风力发电站现已投入运转供电，三台风轮都是直径九十一米，是世界上最大的，所供电力每千瓦仅为美金一角八分，可供五百个家庭所需。德国计划在九十年代风力发电提供全国总发电量的百分之八，相当于两千个发电量为三千瓦的发电站。它的发电量可供三百五十个家庭所需，每年节省石油三万一千桶。丹麦在过去三年中建立了一千多个风力发电站，有七百五十多个向公用电网供电，并计划到二〇〇〇年达到全国所需电量的四分之一到三分之一。巴西也在发展小风力发电机，每架二十千瓦，与太阳能并用，供小城市使用。英国已经研究出了三、四种小型发电样机，以“航空航天公司”为首的财团则在研制几万千瓦的发动机。瑞典等也在建造大型风力设备。

三、转化为热能，日本静冈县农业水产部利用特殊的回转发热体，把风能转化为热能，用于养鳗池和园艺温室的加温，效果良好，值得推广。

总之，风能利用的前景是有极大希望的，特别在转化为电能方面。一是效果可以加强。把风车放在大船的平台上、停泊在海面的平底船上或岛屿上，充分利用较强的风力，省去造价昂贵的高塔。二是给动力系统接上能库，把所发的电储存起来，随时可用。带有加强系统的发电机，由于换能系数提高和工作压力增大，确定它们的技术和经济效率，可能出现以风力为基础的动力技术革命。(引自《化学世界》1989 年第 5 期)

简析：这是一篇述评，作者在文章的开头部分首先简明扼要地介绍了风和风能以及中外历史上对风能的利用情况。接着，从我国的实际情况出发，指出我国利用风能的巨大潜力和好处，风能在我国利用的前景十分广阔，点出了文章写作的重要内容。在文尾简要地揭示新的设想，特别指出可以设法将风能转化为电能，以扩大利用风能的效果，对风能发展的前景做出了科学的预测。

第三节　科技简报

一、科技简报概述

(一) 科技简报的概念

简报就是情况的报道，是政府机关、企事业单位、人民团体等组织用来汇报、反映、沟通情况时经常使用的一种简短的文字材料。

在科技领域里，以书面形式，简明扼要地报道研究进展、动态、成果、交流情况、反映问题的文字材料，即是科技简报。

简报是一个总的名称，它还有一些别称。如："内部参考"、"经验交流"、"××信息"、"工作动态"、"情况反映"等。简报是内部刊物，不公开发行，只在内部运转。

(二) 科技简报的分类

根据内容，科技简报有以下几种类型：

1. 科技成果简报。介绍国内外的科研成果以及新产品、新工艺、新技术、新理论的推广，报道本单位(或部门)取得的科研成果。

2. 阶段性成果简报。报道科研周期较长的重大科研项目在某一阶段所取得的重大研究成果。

3. 科技会议简报。及时地报道科技会议的概况，会上交流的情况、经验，探讨研究的问题，反映会议形成的决议和基本精神。

4. 情况简报。科技单位向上级汇报工作情况，对领导决策有参考作用。

(三) 科技简报的特点

1. 及时性。简报类似于新闻报道，有很强的时效性。在科技领域内，科技成果报道的迟缓关系到成果的所有权问题，从信息交流的角度看也需要快，以适应科研发展的新形势。

2. 准确性。科技简报的内容要准确、具体、切实。要选择具有价值、值得重视的情况和问题，要能在科研系统中起到推动作用，具有实用价值。

3. 简明性。科技简报突出一个“简”字，简就是内容简练、篇幅短小。一份简报一般只报告一件事，字数一般是千字左右，如果内容实在多，可以分几期编发。科技简报中众所周知的科技知识，引用与主题无关的资料、表格、数据、插图等，只需写出“何种情况”“怎么回事”即可。

二、科技简报的格式

科技简报有约定俗成的统一格式。有报头、报核、报尾三部分。

（一）报头

报头设在第一页，或第一页的上方，约占全页的三分之一的位置，下边用横线与正文部分隔开。报头主要包括：简报密级、发文编号、简报名称、期数、编发单位全称、印发日期。

1. 简报密级分为绝密、机密、内部等，一般印在报头的左上角。

2. 发文编号。它是简报总印数的次序号，标于报头的右上角。

3. 简报名称。用大号字写在报头正中部位，如“科研成果简报”、“教学工作简报”。可以套红，也可以不套红。简报名称的拟定要与简报的内容、目的相一致。

4. 期数。是简报的期数顺序号，一般在简报名称下面居中并用括号括起来，一般写成“第×期”的形式。

5. 编发单位名称，应写全称。若全页纸作报头的，编发单位在第一页的下方居中排列。若第一页的上方作报头的，编发单位写在期数之下、间隔横线之上的左侧，顶格写。

6. 印发日期。全页纸作报头的，印发日期在编发单位下方居中排列。若第一页的上方作报头的，写在期数之下、间隔横线之上的右侧，应将年、月、日全部写全。

（二）报核

报核是简报的核心部分，由标题、正文、按语组成。

1. 标题。简报标题的写法类似于新闻（消息）标题的写法，但又不像某些新闻标题那样引题、正题、副题一应俱全，一般用实题，简明扼要地概括正文部分所叙事实的核心内容。也可以采用正副题的写法，正题揭示文章的思想意义，副题写出事件与范围，对正题起补充说明作用。

2. 正文。正文是简报的中心部分，它通常由开头、主体、结尾三部分组成。

（1）开头

简报开头要求开门见山，用简洁的语言，概括全文，点明主题，常见写法有以下几种形式：

叙述式。开门见山地叙述交代简报的主要内容，使读者一目了然。

结论式。即结论提前交代，先写出事情的结论或结果，然后在作具体说明或点出原因。

提问式。即一开始就提出问题，引起读者的兴趣和思考，然后再用回答的语气在主体部分作具体的叙述。

（2）主体

主体部分的写法由于简报内容的不同而异，常用写法主要有以下几种：

按时间顺序写，即按照事件发生、发展和结束的自然顺序来写，较适合报道一个完整的事件。

归纳分类表述，把所有的材料归纳分成并列的几个方面，分别标上序码或小标题，逐一写出来。

按空间顺序写，适用于报道一个事件的多个场面或者用于围绕一个中心，综合报道几个方面的情况。

对比写法，即在对比中展开叙述。既可以作今与昔的纵向对比、此与彼的横向对比，又可以作好与坏的正反对比以及同类事物的对比。

(3) 结尾

简报的结尾可灵活处理，其作用在于阐明所报道的事物的意义，指出事件发展的趋势，加深读者的理解和印象。如果所论述的问题在主体中已经交代清楚，可不要结尾，全文自然结束。

3. 按语

按语又叫"编者按"，是简报的编者、有关的领导审查文稿后，对文稿所作的说明、评论、考证等。按语多置于文前，在排印时最好使用不同于文稿的字体。

(三) 报尾

报尾写明本期简报报、送、发的单位或个人姓名、职称以及印刷份数。在简报末页的下方，以两条平行横线作标记，内容记在两线之间。

三、科技简报的采编

科技简报的采编包括两个方面：采写简报和编写简报。

(一) 采写简报

简报编写并不简单，尤其是采写简报，这是作者在科研单位或科技会议上亲自采访获得第一手资料后写出的简报。采写简报要注意几点：

1. 采访深入。简报要以材料作基础，采访是获得事实材料的主要手段，是简报作者写作简报的先决条件。为了提高采访效率，采访前要做好准备，要了解采访对象的概况和有关的科技知识，并写好采访提纲。采访中，要注意采用适当的采访方法，深入采访，获得生动真实的第一手资料。

2. 主题新颖。科技简报的主题应是科研、生产和工作中最重要、最典型、最有效、最新颖的事实。

3. 材料详实。这是写作简报的基本要求。领导者以此作为决策的依据。因此，服务于主题的材料要全面，既要包括正面材料，又要包括反面材料。同时，材料要真实可靠，采访者要善于调查研究，不是亲自采访的第二手材料，若不能判断真伪，宁可不报，若非报不可，应写上"据××反映"、"据××简报报道"等词。

4. 表达简明。简报的特点是一个"简"字，故要将最重要的内容放在最前面。如果报道一个科研成果，一般要将研制单位、研制时间、试用地点、试用状况和效益等问题交代清楚。

5. 见报迅速。快，是简报的又一个特点。为了做到快，这就要求采写者要具有较强的新闻敏感力，文思敏捷。

(二) 编写简报

这是编者根据现成材料来编写的简报。这类简报的写作，首先，要认真熟悉材料，理解并领会材料的精神实质；其次，要研究材料，从中选取有价值的最能反映主题的材料；再次，要反复修改。

四、例文简析

科研成果简报

第十期(总第一百五十三期)

××学科研处编　　　一九九三年四月八日

云南铜矿资源利用历史悠久

早在三千二百年前,我国云南的铜矿资源已被开发利用。这是我校八九级金属史专业研究生郑光同学利用同位素测定法研究1976年7月于河南安阳出土的商王武丁之妻妇好墓的青铜器得到的结论。

长期以来,对于商代中原青铜器的矿料来源,在科学史界、考古学界和史学界是一个悬而未决的重大课题之一。1992年初,郑光在导师钱理教授的指导下着手此课题的研究获得成功,今年4月7日该成果通过鉴定。

由于金属矿床中的方铅矿因成矿条件的差异,其铅同位素比值就因产地不同而不同,所以古代含铅青铜器的铅同位素比值与矿料产地的铅同位素比值有着密切的关系。根据这一原理,郑光运用大型质谱仪,测定妇好墓中的青铜器的铜同位素比值,取得了部分数据。数据的可靠性亦经审核肯定。这些数据表明,妇好墓中的部分青铜器的矿料不是来自中原,而是来自云南某地。也就是说,早在三千二百年前,云南的同矿资料已被开发利用。这一成果对于我国先秦金属史的研究、我国商代经济文化的发展有很重要的意见(金属史专业供稿)。

报:省科委、国家科委、中国科学院

送:中国科学院金属研究所

发:各有关院校及研究所

(共印二十五份)

简析:这是一份科研成果简报。第一条横线以上是报头部分。它包括简报名称、期数、编发单位、印发日期。第一条和第二条横线之间是报核。第二条和第三条横线之间是报尾部分。包括发送范围和所印份数。报核是简报的核心部分,由标题和正文组成。该简报的标题简明扼要地概括了正文部分的主要内容。正文部分作者选取了几个重要的历史时期说明云南铜矿资源利用的悠久的历史,特别提出了该校金属史专业研究生郑光同学所取得的研究成果,同时指出了该研究成果的重要意义。

附:简报的样式

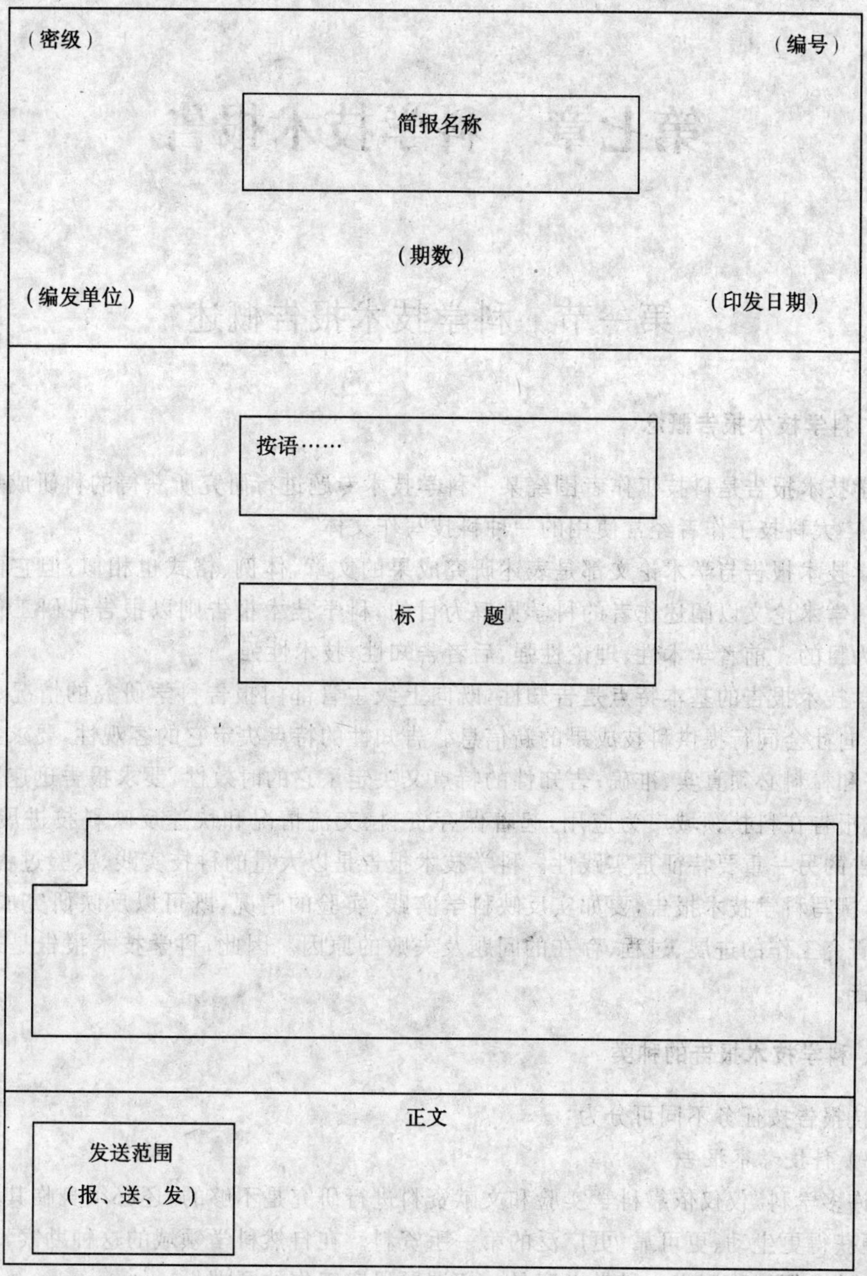

思考练习题

1. 科技情报的概念、特点及其内容包括哪些？
2. 不同类型的科技情报的写作要求及方法？
3. 科技简报的分类及特点是什么？
4. 掌握科技简报的格式，学习编写一份科技简报。

第七章　科学技术报告

第一节　科学技术报告概述

一、科学技术报告概念

科学技术报告是科技工作者围绕某一科学技术专题进行研究所获得的科研成果的正式报告，是广大科技工作者经常使用的一种科技写作文体。

科学技术报告与学术论文都是表述研究成果的文章，体例、格式也相似，但它们有着根本区别。学术论文以阐述作者的科学见解为目的，科学技术报告则以报告科研工作的过程与结果为目的。前者学术性、理论性强，后者告知性、技术性强。

科学技术报告的基本特点是告知性，既向上级主管部门报告科学研究的情况、结果、建议等，又向社会同行提供科技成果的新信息。告知性的特点决定它的客观性，要求报告的事实、数据和材料必须真实、准确；告知性的特点又决定了它的时效性，要求报告迅速及时。因此，科技报告在科技领域广为应用，起着保存资料、交流情况和快速反映科技进展的作用。科技报告的另一重要特征是实践性。科学技术报告是以大量的科技实践、实验过程、成果为依据的，撰写科学技术报告，要如实反映科学实践、实验的情况，既可以反映研究成果，也可以反映研究工作的进展、过程、存在的问题及失败的原因。因此，科学技术报告是来源于实践的报告。

二、科学技术报告的种类

科技报告按任务不同可分为：

（一）科技考察报告

有许多学科，仅仅依靠科学实验和文献资料进行研究是不够的，还必须身临其境进行勘察，以便获得更生动、更可靠、更广泛的第一手资料。在自然科学领域的这种勘察，习惯上称考察，在社会领域称调查。科学考察是一切课题研究工作的开端。

人们通过对考察过程中取得的大量具有科学内容和学术价值的材料进行研究、整理，找出其中本质性和规律性的东西，据此写成的文字材料叫考察报告。可见，考察报告是直接经验的总结，并具有一定的学术价值。例如，我国地质学家李四光教授通过对我国黑龙江省松嫩平原的考察而写出的考察报告发现了大庆油田，使我国甩掉了贫油国的帽子。随后又相继发现了胜利油田、辽河油田、华北油田、中南油田和新疆油田等一大批大型油田，使我国成为世界石油大国。

科技考察报告写作比较灵活，细致实在，但不是尽观察所得，全部写上，应在考察记录的基础上，分类归纳，记述成文。

科技考察报告又可细分为三种。

1. 科技情况考察报告

一般地讲，赴国外科技考察代表团写的多系科技情况考察报告。出国考察情况众多，有的考察某个国家的综合情况，有的考察某个学科的情况，有的考察几个国家同一学科情况，有的考察某个学术会议情况等等。

2. 学科研究考察报告

这类报告写作的目的是为了科学研究，是通过实地考察之后写出的报告。它可以是对某一地区情况的考察，也可以是对某种事物的考察，然后把实际调查所得材料进行研究，得出科学结论，用考察报告或科学考察记的形式记录下来，成为科学文献。

3. 资源考察报告

这类报告是向人们揭示尚未被认识的某一个地区、某一特定目标或某一空白研究课题的考察过程和结果，在地区性开发中，为领导提供决策参考。

（二）科技研究报告

科技研究报告，是科技工作者围绕某一专题从事研究、试制工作所撰写的阶段报告、成果报告或总结报告，或者是对某项研究课题或技术项目在实验过程的报告和实际记录。它是科技人员交流研究工作成果的重要手段，是研究单位、承包单位向提供经费部门汇报研究过程和最终成果的正式技术文件。

科技研究报告类型复杂，一般有三种分类方法：

1. 按发表时间分为：初期报告，进展报告，中间报告和总结报告。

2. 按技术内容分为：报告书，札记，通报，备忘录。

3. 按文献作用分为：研究成果报告，设备和材料说明报告，操作指示报告，生产报告，技术经济分析报告（又叫可行性研究报告）。

这类报告写作格式和科学论文差不多。一般有三大部分：前言部分——介绍报告内容在本学科中的地位和作用；正文部分——包括实验过程、装置、材料、操作方法，或新设备、新机器的构造、性能、使用方法和注意事项等；结论——研究结果的讨论、所依据的科学理论、参考文献等。

科技研究报告一般不在报刊公开发表，仅供内部交流，每篇单独成册，格式固定。

（三）科技政策报告

科技政策报告，又叫年度报告。它是政策部门给国家最高级领导和决策机构提供科技政策方面的报告。

（四）科技实验报告

科技工作者写的实验报告，与科技论文及学生的实验报告不同，它是描述、记录某一研究课题的实验过程和结果的报告，是科研人员向社会公布自己实验成果的一种文字形式。具体地说，在科研活动中，人们为了检验某种科学理论或假设，进行创造发明或解决实际问题，往往要进行实验。通过观察、分析、综合、判断，如实记录，写成文章，这就是科技实验报告。因此，它也是一种有学术价值的一次文献。

（五）科学游记

科学游记是以游记体裁来介绍科学知识的一种科技作品。它是从传统的游记文学中分化出来的一种文体。因此，文学性较强，并具有文学游记的各种特点，但又与文学游记不同，包含丰富的科学知识。特别是那些用自己亲身经历写下的游记,具有极高的科学价值。

三、科技报告的写作要求

(一) 注意读者对象

科技报告不同于一般文章,它具有专业性和技术性,并具有向非专业人员传递信息的职能。如果科技报告是写给非懂行的领导看的,则报告要通俗性,尽量少用术语,还可以用比喻和对比手法使文章生动。如果文章的读者是本行的专家,文章可以简洁,可以较多地使用术语、图、表、公式,以便表达清楚。

(二) 注意条理和逻辑

报告文体的一大特征是注重条理、重逻辑,只要把情况讲清楚就可以了,不必长篇大论和渲染。因此,不少报告分条款,扼要地叙述。

(三) 注意忠实可靠

科技论文的科学价值在于创造,而科技报告的科学价值在于提供研究情况。不论是搜集到的资料、调查的事实、观察到的数据等,均应忠实地记录到报告里,力求可靠。

(四) 注意语言严谨、简洁,不带感情色彩

报告的篇幅也不要太长,如果内容多,除用摘要方式说明主要问题和结论外,要求语言严谨、简洁。

第二节 常见科技报告的写作

一、出国考察报告

为了学习和了解国外某一学科的先进技术和发展状况,国家常常组织考察团出国考察。回国后,把考察的项目有针对性地写成不同内容的考察报告。这类报告一般由标题、前言和考察项目三部分组成。

(一) 标题

标题要反映考察的对象和内容。

(二) 前言

简单介绍考察团名称、人员,考察起讫时间、地点,考察内容和考察方式以及考察过程。有的考察报告以“概述”代前言,或概述、前言合在一起写。

前言要写得简短、概括,不重要内容可以不写。

(三) 考察项目

这是出国考察报告的主体。包括下列细目:

1. 对哪些部门或哪几方面进行过考察;
2. 对被考察的现象或事物作较详尽说明;
3. 对考察对象进行分析讨论;
4. 考察的心得体会,或提出一些建议等。

主体部分有两种写法:第一种按问题性质分类叙述;第二种是按考察时间先后顺序写作。

有些出国考察报告以结论作为报告结尾。在列出考察所得的全部结论后，还可提一些建议。如无重要的结论可谈，可以不写。

出国考察报告常见的有会议考察、专题考察及综合考察。

这里重点介绍会议考察报告。科技会议考察报告的写作一般从两个方面着手：第一部分“概况”，写明会议名称、主办机构、会议的时间、地点、参加人员、会议的主要议题、开会的方式；第二部分“收获”，这是会议考察报告的主体部分。包括三个方面的内容：

一是本次会议上本学科在研究方面的新动向，出现的新成果、新技术和新方法。

二是介绍会议的主要论文，特别是有价值或有代表性的得到会议认可的论文。

三是结合国内具体情况，介绍国外在本学科上的科学管理、学科方向选择、技术设备、数据处理等方面的先进经验，以便国内借鉴、汲取、运用。

科技会议考察报告的“概况”部分，要写得简洁明了，“收获”部分是重点，可采用“条文式”或“小标题式”来写。

二、学科研究考察报告

考察报告，根据考察对象的不同，可分为学科研究考察报告和资源开发考察报告。

（一）学科研究考察报告写作过程

这类考察报告是为着科学研究目的，通过实地、实物考察后整理而成的报告。学科研究考察报告的范围很广。搞地质的科研人员可以对某一地区的地层发育情况进行考察，也可以对某一雪山的冰川进行考察；学生物的科研人员可以对某一稀有动物进行考察，也可以对某一经济作物的生长习性、经济价值进行考察。

这类报告写作有准备、考察和材料整理三个步骤。考察前，要明确目的和任务，然后围绕目的搜集资料，熟悉有关考察对象的有关情况，并初步确定考察的具体计划与方法。进入考察现场后，根据事先确定的方案和方法进行考察、测量、记录数据、拍摄照片等。考察结束后，首先要整理所获得的各种数据、标本和考察到的现象，再通过分析、归纳、提炼出系统的科学内容作为报告的主题。当然，考察活动的全过程内容十分丰富，也可以分一个个小中心写出一篇篇考察报告来。

（二）学科研究考察报告的写作格式

这类报告写作比较灵活，大体可分为四类：

1. 文章式　一篇考察报告就是一篇文章。这种格式写的考察报告的对象比较单一，可以一气呵成。

2. 标题式　根据总的考察目的，下分若干项目，每个项目有一个小标题，合成一个总的考察报告。采用这种格式写的多为综合考察工作。

3. 日记式　在考察过程中，新鲜事物层出不穷，有时也有些事物的考察结论，需要当日记记下来，因此写起来方便自如，情真意切，生动感人。

4. 论文式　论文式科技报告一般包括以下几部分：标题、作者及其单位、摘要、前言、考察方法、考察结果、讨论、参考文献。

各部分要求与科学论文要求相同。

三、科技实验报告

科技实验是一种科学实践，它在特定条件下，让自然现象以纯粹的典型方式重现。科技实验是探索自然奥秘、检验科学真理的一种手段，已广为科技人员所运用。

实验报告是描述、记录某一实验过程和结果，并向社会公布研究成果的一种文献。虽然它与论文都是科学研究成果的文字体现，但二者在内容和表达上仍有明显的区别。科技论文强调文章的学术性，重在阐述作者的见解，一般只反映研究成功的实验结果。科技实验强调报告客观事实，侧重记录实验经过与结果。因此，实验报告已成为一种独立的文体。若要写好实验报告，必须在实验前作好理论、方案和器材等准备，并在实验中仔细观测，详细记录，以便在实验后对观察对象进行分析、解释，对数据进行处理。

科技实验报告主要有两种类型。一种是理工科大、专学生撰写的实验报告。其实验步骤和方法一般是由教师拟定的，目的是为了论证某一学科定律或结论，训练学生的动手能力和表达能力。另一种是科技工作者撰写的创新型的科技实验报告。它是科技工作者从事科学研究，由自己进行设计，从过程到结果都是新的实验，它要求有所发明和创造。

（一）科技实验报告的特点

1. 确证性。确证性是指实验的结果能被任何人所重复和验证的。在相同条件下，任何人在任何时间、任何地点进行实验，都能观察到同样现象，并能得到同样结果。简言之，实验结果有再现性。

2. 纪实性。实验必须排除一切主观因素，不能带着某种偏见去观察和理解实验现象，同时如实记录、报告实验过程和结果。

3. 可读性。实验报告的表达方式是叙述和说明。为了减少实验报告的篇幅，用图借助文字说明，可以将复杂的实验装置展现在读者面前，有时还采用统计列表或作曲线图，来说明实验结果与各变量的相互关系，增加可读性。实验报告多用专业术语、符号、公式等来表述事物的内在联系，做到简约、明晰。

（二）实验报告的内容与格式

随着科学仪器、测试设备的不断更新，科学实验的方法日益增多，通常有：定性实验，定量实验，结构分析实验，析因实验，对照实验，中间实验，模拟实验等。

不同的实验方法可以写出不同的实验报告，但就实验报告的完整形式而言，通常包括下列各项内容：

1. 标题。科技实验报告的标题要求明确、醒目，集中反映实验研究的内容和性质。

2. 作者及其单位。

3. 摘要。内容包括实验报告中突出的几个结论，或是科技实验报告基本内容的浓缩。

4. 引言。引言相当于实验报告的开头，用概括语言描述一系列“是什么”，即：研究的对象、实验的意义和作用、在此之前该项工作发展概况以及存在的问题、本实验达到的目标等。

5. 正文。科技实验报告的核心是设计、实验，通过对实验结果的分析、讨论，得出对有关事物的规律认识。其正文一般由下列各部分组成：

（1）实验原理。对于较复杂较新颖的实验，或者考虑读者并非都是内行，可以对实验所依据的理论作简要的说明，否则，原理部分可以省略。原理部分主要内容包括：实验涉及的重要概念、实验依据的重要定律、公式及据此推算的重要结果。

（2）实验装置和装置图、实验器材和材料。对于重要设备，自己设计安装的实验装置作较详细说明，并绘出有关图表。写作内容包括：主要设备原理、主要结构、型号、性能；介绍自制设备，并附图表；叙述实验条件及实验要求；附实验原理图、电路图、流程图等。

(3) 实验方法。重点介绍特殊实验方法,简述实验过程。

(4) 实验结果。实验结果与讨论是报告的主体。一般写作前已将数据列成表格,写作时分好类,按一定顺序安排好数、表、图,并对其作简要说明。要求如下:用专业术语如实描述现象,不能夸张;引用数字要真实,结论要正确可靠;图与表要符合规范要求,数字的记录和处理方法要符合规定。上述这些基本事实一出错,实验报告的价值就会失去,因此,必须一丝不苟,认真处理。

6. 讨论。实验报告的讨论比较简略,远不如论文细致深入,若无必要也可以不讨论。讨论可以分条进行:影响实验的根本因素是什么?提高扩大实验结果的途径是什么?实验中发现哪些规律?实验观察到哪些现象?如何解释?将实验结果与由已知理论推算出的结果对比,初步说明、解释两个结果的异同。测量的误差分析。

7. 结论。用肯定的语言逐条叙述实验结果,但不再重复"结果"中的图表,可以引用关键数据。

8. 参考文献。在科技实验报告后列出参考文献,目的在表明作者的科学态度和对前人劳动成果的尊重,并方便读者去查阅参考文献的原文。

四、科研进度报告

现代的科学研究大多是比较复杂的课题,科技工作者需要向主管部门及领导汇报课题的进展和存在的问题,也要向协作单位报告进度,以便沟通信息,加强协作。因此,它是科研工作的阶段性真实记录。

进度报告有月报、季报、半年小结、年终总结和终止课题报告等五种。

科技进度报告主要是进度。写作上要求内容真实、语言简明,主要讲任务的完成情况,上次讲过的内容阶段性成果原则上不再重述,做到内容新,一般不讲研究的过程与细节。可以用科技术语,以使文章简洁。

(一) 科研进度报告的格式与内容

1. 课题名称。课题名称要写全称。

2. 任务来源。这是指哪个单位下达的任务,也要写明全称。这往往是报告的主送单位。

3. 起止时间。这是指科研任务下达时间和协议中规定完成的时间。

4. 课题要求。指课题应达到的指标,第一次写进度报告时,要把总的技术指标写得详细点,以后写的进度报告,可以不再详细写出,但要把本阶段应达到的技术指标写清楚。

5. 计划完成情况。这是报告的重点部分。应按计划任务书上的条款,或按上一次进度报告中所拟的"下阶段工作计划"的内容,逐条检查写作。

6. 存在问题。研究中存在的问题要及时如实反映,并分析问题性质、产生的原因,提出解决的办法及解决问题的条件,说清哪些条件已具备,哪些需要去争取或创造。总之,既要提出问题,又要写清解决问题的办法。

7. 成果的评价。对已取得成果评价要恰如其分,不要言过其实。

8. 下阶段工作计划。这部分要具体详细,特别是计划调整时,更应写详细。

9. 课题负责人姓名。除主要负责人外,有的包括全体参加研究的人员名单。

科研进度报告无固定的格式,写法不尽一致,但一定要反映科研进展情况。

（二）编写科研进度报告的注意事项

1. 报告内容要实事求是，进展过程与叙述要协调一致。

进度报告是科研或工程项目进展的真实记录，阐明的问题要有根有据，可以应用一批含有数量、数字、名称、日期、规格和具体事例的数据来进行说明。每一份进度报告应是动态性的，应如实反映研究工作和工程项目的活动和进度，以便向主管部门传递信息。

2. 报告要肯定已取得的成绩，明确下阶段任务。

对科研或工程项目已取得的进展要适当估价，使主管部门从报告中看到成功。但编写人员要善于从成绩中总结经验，并对下阶段工作提出切合实际的安排。

3. 每次报告要有新的内容。

进度报告最忌千篇一律，陈陈相因。只有保持每次报告有新的内容，才能引起读者的注意。

4. 进度报告的形式。

简单的进度报告可用表格形式来叙述，有些则列有附图。

五、科技成果报告

科技成果报告是对科学研究工作的总结，它重在对研究成果的表述，而不注重研究过程的描述。因为它是重要的科技文献，又是科技情报的重要来源之一，不少单位专门设置机构进行搜集管理。

科学技术成果报告是表述某一方面科研进展及其成果；或某一项研究、试制、测试与评价的结果；或者某一科学技术问题的现状及发展情况的文献。一般分三类：一是自然科学基础理论方面的创造性研究成果；二是应用技术科学方面的新技术、新方法、新工艺等；三是重大科研项目的阶段性成果。

（一）成果报告的内容

成果报告要求写明下述内容：

1. 成果名称　2. 任务来源　3. 成果内容　4. 成果所依据的原理　5. 技术关键　6. 主要技术指标　7. 国内外技术水平比较　8. 用途及应用范围　9. 经济效果及社会效益　10. 附件

（二）成果报告的格式

科技成果报告分文章式和表格式两大类。现先介绍文章式成果报告。

1. 文章式科技成果报告

一般文章式科技成果报告由两大部分构成：

(1) 前言。介绍任务来源、综述研究概况，说明成果依据的技术原理，并可列出报告的简目，给人以整体的认识。

(2) 正文。这是成果报告的主体，要求就成果内容涉及的方面逐项阐述。由于成果报告结论已很明确，一般不再于正文之外专写结论。

写作成果报告要特别注意客观真实性，对成果既不夸大，也不缩小；对成果评价要慎重，要恰如其分。

有些课题的成果报告比较详尽，正文末有附录和参考文献。

例文简析：

例文一：

杭州西湖生成的原因

竺可桢

西湖生成的原因，据记者去岁(1919 年)夏间的观察，加以东西方书籍的参考，西湖生成原因，可以断定是一个泻湖。

西湖的地形，南、西、北三面均为山所围绕，惟有东面是一个冲积平原，浙江省城就在这个冲积平原之上，所有泥土，统是钱塘江带下的沉淀积成。大凡河流所带泥沙到了河口，一部分就要沉下来，一则因为河流入海受了海水的阻力，速率减缩。二则因为海水含盐分，盐分能减少河水分子的凝聚力。有了上述两层原因。凡是长江大河，如埃及的尼罗河、印度的恒河，以及我国的黄河、长江，到了入海地方，均成有三角洲。照这样看来，杭州附近冲积平原，不过是钱塘江所成的一个三角洲。

我们若再进一层来考察西湖近旁的地质，就晓得不但西湖东西有冲积土，就是西面也有冲积土，假使我们能追想钱塘江初成时候情形，一切冲积土尚未沉下来时，现在杭州所在地方，还是一片汪洋，西湖也不过是钱塘江口左近的一个小小湾儿。后来钱塘江沉淀慢慢地把湾口塞住，变成一个泻湖。初成的时候，里湖的面积比较现在的外湖还大。后来因南北诸高峰川流汇集，如玉泉峰涧龙井等溪水所带下的泥土，流入湖中以后，速率顿减，就淤积起来。里湖因在靠山这一边，所以淤积得快。如耿家步、金沙港、茅家埠等处，就是溪流带下的冲积土所成的。倘使没有宋、元、明清历代的开浚修葺，不但里湖早已受了淘汰，就是外湖恐怕也要为淤泥所充塞了。换言之，西湖若没有人工的浚掘，一定要受天然的淘汰。现在我们尚能徜徉湖中，领略胜景，亦是人定胜天的一个证据了。

在夏季时候，外湖的水平均不过 4 英尺深，里湖因靠近山边，所受的沉淀比外湖较多，所以水亦较外湖浅。惟苏堤六桥、玉带桥、西泠桥之下，水度略深，最深的地方在 6 英尺左右，这是因为湖中水平如镜，流动极缓，水中所含最微渺的泥粒，也都沉下来。独堤上诸桥为湖水交通咽喉，自里湖流入外湖必经之路，湖水流行较速，水中微细的泥土不能沉降。试观西湖各处，香灰泥堆积很深，独在西泠桥上，注目俯视，水清彻底，能见岩石，即因水流湍急，香灰泥不能留足之故。

现在西湖情形照上面看来，是由于钱塘江带下泥土淤积，塞住原有的湾口而成。至于西湖生成时代，离现在有多久，这个问题，却不容易解决。从历史上眼光看起来，西湖生成时代是很久远。唐代以前，虽则寂然无闻，自从李邺候、白居易、苏东坡先后服官武林以来，西湖的名就声闻全国。但从地质学上眼光看起来，西湖生成却是近来的一桩事，在地质学上最近的一个时代。这个时代，就是冲积时代。世界人类的产出，在洪积时代的末期，冲积朝代的初期，所以西湖的生成，当然在世界有了人类以后。

西湖南、西、北三面的岩石，统是很老。西北方面如葛岭、宝石山等，系粗面岩所构成的，粗面岩是一种火成岩，它的分布在我国南部滨海非常广大。据德国著名地质学家李希霍芬(Von Richthofen)之考察，自宁波至香港南海一带，斑岩(粗面岩与石英斑岩是一类的岩石)之多，可称世界第一。这种石英斑岩与粗面岩，是火山所喷出而成的。喷出时期，据美国地质学家威利斯(Bailey Willis)之推测，大概在三叠纪与侏罗纪之间。

西湖的南部同西部，如九曜山、石屋岭、南高峰以及灵隐等，统是砂岩及石灰炭所造成的，其中尤以石灰岩分布最广。石灰岩所成的山峰，最足惊心动目的，要算云林寺面前的飞来峰，苍翠玉立，突兀峥嵘，他上面还刻有许多佛像，宛如天成的一座假山。西湖近旁岩洞很多，如玉乳洞、石屋洞等，也是石灰岩生成的。石灰岩与砂岩生成的年代，比北部的粗面岩还要久远，大约在古生代的石炭二叠纪（离现时差不多有 3 亿年）。

西湖南、西、北三面的岩石虽然很古，但西湖东岸的泥土却是很新，是在冲积时期才成的，我们要晓得西湖生成年代的久远，只要晓得钱塘江排泄的沉淀，把现在杭州淤积为大陆的时候就是了。自从西湖生成以来，钱塘江的三角洲渐渐在海中推广，到现在已达杭州湾口，离杭州省城约有 120 英里之遥。假使我们去推测钱塘江三角洲每年在海中伸涨的速率，那末西湖生成的时代就不难知道了。

钱塘江河身的长短，河域的大小，同欧洲的隆河（Rhone River）与坡河（Po River）不相上下，从下面的表里可以看出来：

河名	河身长英里数	流域平方英里数	取源处高度英尺数
隆河	510	94800	12000～15000
坡河	418		12608
钱塘江	400?	24000	5900

隆河同坡河流入地中海，河口海底深度，同波浪强弱，与钱塘江口情形差不多。独坡河与隆河取源均在阿尔卑斯山上，比较钱塘江取源安徽黄山的高度，有两倍多，所以钱塘江三角洲生长速率，应该没有隆河与坡河的三角洲这样快。隆河的三角洲，在 1500 年增长 15 英里，平均每百年增长 1 英里。坡河的三角洲在 1800 年中增长 20 英里，每百年增长也差不多 1 英里。若使钱塘江的三角洲增长同坡河、隆河一样快，每百年增长 1 英里，要积 120 英里长的沉淀，就要 12000 年。照这样算来，西湖的生成，至少在 12000 年以前了。

参考文献（略）

简析：这是一篇学科研究考察报告。作者在前言中以精炼的文字说明了考察人、考察目的、考察对象及考察结论。正文主体的结构又可分为两部分。论述西湖是一个泻湖，并说明若无人浚掘，西湖早就会被泥沙淤积充塞。第二部分为 5 至 10 自然段，作者以考察事实为依据，推理出西湖生于 12000 年以前。

文章论说性很强，围绕“西湖生成”这个中心，一手抓文献资料，一手抓考察资料，显得很有说服力。特别在证明西湖是泻湖时，作者不仅抓住河流泥沙沉积的科学原理和世界类似河流形成三角洲的事实，而且还从地质条件、人工疏浚等方面进一步阐述。倘若没有作者深厚的地质学知识和细致的考察是难以写成的。

利用类比推理是本文的第二个特点。作者不仅用长江、黄河等与钱塘江作类比，说明杭州平原是三角洲，而且用隆河、坡河作类比，说明西湖生成年代，同时进一步用地质资料与考察情况以及历史眼光分析、论证。

本文在写作上是成功的，思路开阔，说明有条理，文字也较洗练。全文采用倒叙结构，结论前置，文末就不再重述结论了。

例文二：

《HY835 水性涂层中试报告》

一、前　言

我厂在生产溶剂型涂层胶的基础上，进行水性尼龙涂层胶的研制工作，于 1983 年初，基本上取得了实验室试验成功，制备了数十 kg 的试样，先经实验室涂样试验，随后经上海第二丝绸印染厂上机涂布试验，均获得了较为满意的结果，各项指标基本上可达到外贸出口的要求。然后我们经过了 50L 反应锅放大样试验，验证小试获得的工艺处方和工艺参数，其结果是和小试获得的数据基本相符，因此认为小试的工艺处方和工艺参数是可靠的。

根据当前市场发展的需要，为了满足广大涂层生产厂对水性涂层胶的迫切需要，尽快把科研成果转化为生产力，我们在实验室小试研究的基础上，进行了生产性 500L 中试研究，进一步验证了小试研究的工艺处方和工艺参数，认为小试的数据，基本上能符合中试的要求，仅结合生产的实际情况，对部门参数进行了修改和补充。

二、工艺流程

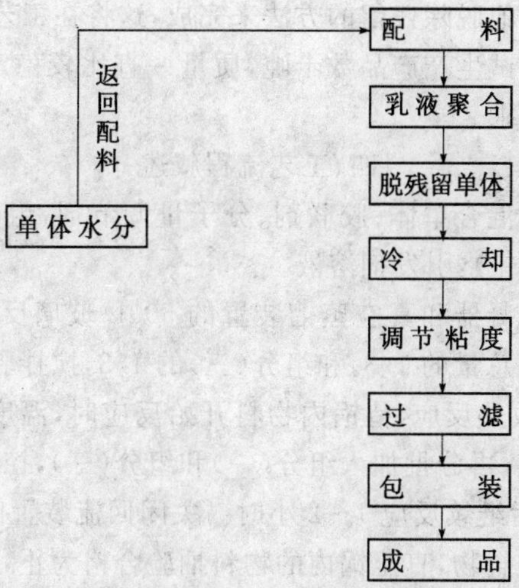

三、工艺处方

在中试过程中，我们对小试的工艺处方进行了验证，认为小试配方基本可以满足中试的要求，仅对乳化剂和引发剂在数量上进行了适当的调整，调整后的工艺处方如下：

	小试	中试
1. 丙烯酸酯类混合单体：	160kg	
2. 交联剂：	3.2kg	
3. 乳化剂 M：	0.18kg	0.1kg
4. 保护胶体 SP：	3.2kg	
5. 分子量调节剂：	0.5kg	
6. 引发剂：	4kg	5kg
7. 离子交换水：	240kg	

(一) 乳化剂 M 的调整：

中试的工艺处方按小试的 50 倍计算，乳化剂 M 的用量应为 0.08kg，按此工艺处方生产时,在反应后期出现凝聚物增多的现象,使收率下降,但当乳化剂M增至0.1kg时,反应转为正常,但增加乳化剂M量后,涂层的拒水度会不会下降呢?涂层通过防水处理后,测试拒水度仍大于90%,和小试样品基本相同。为此认为乳化剂M由0.08kg调整为0.1kg是可取的。

(二)引发剂量的调整:

按小试的配比,引发剂的量应为4kg,按此工艺处方生产时,最后产物的残留单体0.5%左右,大蒜气味较浓,分析原因认为,大锅生产时,引发剂的引发效率没有小锅高,于是增加了引发剂的用量,由原来的4kg增至5kg,残留单体的量由原来的0.5%下降至0.1%,但仍然达不到要求,有小量的气味。当继续增加引发剂用量时,亦不能使残留单体下降,试验结果如下表:

引发剂用量	4kg	4.2kg	4.4kg	4.6kg	4.8kg	5.0kg	5.2kg	5.4kg	5.6kg
残留单位体	0.5%	0.45%	0.41%	0.42%	0.21%	0.1%	0.99%	0.98%	0.98%

由上表可知,引发剂的用量以5kg较为适宜,当再增加用量时残留单体降低甚少,但仍达不到要求,这只能采取其他脱除残留的方法来完成,这将在工艺部分叙述。

采用上述配方,进行中试生产产品数十吨,质量一直比较稳定,认为上述工艺配方较为合理,能适应生产规模的要求。

四、工艺流程叙述

按配方配制组分(一):混合单体、胶联剂、分子量调节剂,组分(二):乳化剂M、保护胶体SP、离子交换水和组分(三):引发剂溶液。

在具有搅拌器、回流冷凝器和真空蒸馏装置的500L玻璃反应锅中,降入组分(二),搅拌均匀,然后加入组分(一)总量的1/3,和组分(三)的1/3,搅拌乳化半小时,然后蒸汽加热,升温至70～80℃,此反应放热反应,待锅内物料开始反应时,温度即急剧上升至80～90℃,并出现回流,待回流减少时,再分批加入组分(一)和组分(三),控制加入的速度,使反应速度控制在80～85℃,料加完后继续反应1～2小时。关闭回流装置阀门,于500～600mm汞柱下,蒸出残留单体和水的混合物,直至锅内的物料抽验合格为止,蒸出水分约20～30kg。

将物料冷却,加入适量的去离子水,调整至适当的粘度和含固量,通过25目筛压滤,滤去凝聚物,即为成品,经抽样检验合格后包装即为成品。

五、工艺条件和参数试验

在中试过程中,我们是以小试获得工艺条件和参数为基础,并对其进行验证,结果认为小试的工艺条件和参数大体上能符合中试的要求,仅对部分工艺条件和参数进行了补充和修正,现将有关部分叙述如下:

(一)反应温度对单体转化率的关系:

转化率是乳液聚合反应中一个较重要的参数。在中试过程中我们对小试提供的参数进行了验证,认为随着温度的提高,转化率升高,到达一定温度后,由于生成凝聚物的量增加,使转化率下降,这一规律是基本相符,但由于在中试过程中,反应的容量增加,该反应是放热反应,开始在反应引发阶段需加热量,当反应开始进行,即行放热反应,需加以冷却,把热量移去,在小试过程中,由于吸热和放热的容量差额不大,温度易于控制,而在中试过程中,反应的容量增加,吸热和放热的差额亦增加,而使得反应温度不易控制,一般只能控制在83～87℃,平均转化率在97.2%左右。

（二）搅拌速度对产品收率的影响：

我们对小试提供的搅拌速度，对产品收率的影响有关的工艺参数进行验证，认为小试确认的搅拌器型式，锚式是较为理想，能符合中试的要求。

但在搅拌速度上存在着较大的差异，由于小试反应器的容量较少，直径在 25cm 左右，以每分钟 110 转的搅拌速度较为适宜。此间瓶内乳液滴的最大线速度在 8635cm/min，最慢的线速度在 3345.4cm/min，平均速度在 4490cm/min 左右，以此计算到 500Lφ90cm 的反应釜上，搅拌速度应为 27.4 转/分，由于中试反应容器的扩大，并且加料量增加，在这样搅拌速度下，无法使加入的单体速度分散，而使凝聚物的量增加，收率只有 85%左右，为此我们提高了搅拌速度，并且对搅拌速度和收率间的关系重新进行了参数试验，试验结果如下表：

搅拌速度（转/分）	70	80	90	100	110	120
收　　率	91.5%	93.4%	97.1%	96.8%	95.2%	94%
凝聚物量	8.1%	6.3%	2.1%	2.8%	4.3%	5.2%

由上表可知，搅拌速度在 90～100 转/分，生成的凝聚物量最少收率最高，接近了小试达到的水平。

（三）加料速度对产物粘度的影响：

加料平均速度对产物的粘度有着较明显的影响，加料速度过快，会使反应造成凝聚物的量增中而使粘度降低。加料速度过慢会使链增长中止的机会增加，不可能形成大的分子链，因此粘度下降。我们对小试提供的参数进行验证，小试认为加料速度以 25g/min 为最佳。但如果中试过程亦以此速度加料，需加料时间约 100 小时左右，显然对生产是不现实的，为此我们提高了加料速度，并且对各种不同的加料速度对产物粘度的影响进行了对比试验，试验结果如下：

加料速度　g/min	310	400	500	600	700	800
产物粘度　CP	780	890	1090	1020	910	840

由上表可知，加料平均速度在 500g/min 所得产物的粘度最高为 1090CP。此时加料总的时间约 5 小时左右，符合实际生产的要求。但在此加料速度情况下，反应散热比较困难，反应釜夹套需以自来水冷却，以保持在适当的温度。

（四）残留单体去除方法的选择：

乳液聚合的转化率不可能达到 100%，总有一部分单体残留下来，由于丙烯酸酯类单体，具有难闻的大蒜气味，在小试的过程中乳液的转化率较高，在反应的后期补加过量的引发剂即可消除，但在中试过程中，由于反应器的容量增加，使反应的完全程度略有降低，因而使残留的单体气味较为突出，所以必须采取特殊的措施把残留的单体去除掉。去除残留的单体气味较为突出，所以必须采取特殊的措施把残留的单体去除掉。去除残留单体的方法综合起来有三种：1. 化学法：在反应结束时，加入某些对残留单体反应比较灵敏的物质，与残留单体反应而达到去除的目的。但这些反应物会在成膜过程中残留下来，影响了膜的性能。2. 气提法：在反应物中通入蒸气、空气或惰性气体，把未反应的单体和水分一起蒸出，含有残留单体的水分冷却后可以重新配料使用，通过分析对比和试验，认为真空脱除法为合理。

（五）结论：

经过对小试工艺参数的验证和补充修改，认为最佳的工艺条件为：

1. 反应温度：83～87℃；

2. 加料平均速度：5000g/min；

3. 搅拌速度：90 转/分；

4. 残留单体去除方法，真空脱除法。

（六）主要参考文献（10 种），略。

简析：这是一篇写得较好的中间试验报告，前言概括研制、试验的水性尼龙涂层胶概况和小试中存在的问题等。作者就试验方法、试验过程等作了较详尽的说明，除对实验结果分条列项说明外，有的还列出表格，也比较详尽，并做些讨论，反映出试验报告的特色。结论比较简洁，列出对小试工艺参数的验证和补充修改后的最佳工艺条件，一目了然，具有科学试验的严谨性、科学性。

例文三：

××大学 1996 年度计划科研项目执行情况汇报表

项目名称及课题负责人	计划进度	执行情况	存在问题和采取措施
非牛顿流体的润滑机理 全永昕	(1) 试验加入高分子添加剂的国产润滑油，分析添加剂的成分和浓度对润滑剂性能的影响和规律 (2) 试验分析上述润滑剂对金属和非金属表面的物理化学效应及其对润滑所起作用 (3) 根据所得结果，探讨其流变性能和润滑机理	第(1)项已完成，写出“加入高分子聚合物添加剂的国产润滑剂流变性能的实验研究”论文一篇，已被全国摩擦学会学术年会接受选入论文集 第(2)项已做了实验，写出“加入高分子聚合物添加剂的国产润滑油和固体（石墨、铜、铁、聚四氟乙烯）界面性质的研究报告”，待发表 第(3)项已写出“假塑性流体润滑向心轴承的变形雷诺方程及其解”等论文二篇，其中一篇发表于浙大学报	关于润滑剂对固体表面的物化效应，由于设备条件限制，未能全部完成。现已添加了新的仪器，拟进一步测试其效应并研究其机理。故此项计划尚需延长一段时间才能全部完成进行总结。完成后拟请校学术委员会进行鉴定

简析：这是一份表格式科研进度报告，就“计划进度”、“执行情况”、“存在问题和采取措施”一一作了说明，简洁清晰，一目了然。

例文四：

《抗氧剂甲叉－4426－S 的中型试验及其应用效应》成果报告目录

目　　录

2. 表格式科技成果报告

现将国家科委制订的《科学技术研究成果报告表》格式及说明附后：

基层编号		部门或地方编号		登记号	
建议密级		核定密级		分类号	

科学技术研究成果报告表

成果名称

任务来源

完成单位及主要研究人员

主要协作单位

工作起止时间　　　　年　　月至　　年　　月

填报单位负责人　　　　　　　　填报单位盖章

（盖章）

填报日期：　　年　　月　　日
登记日期：　　年　　月　　日

鉴定或评审意见： 鉴定或评审单位：　　鉴定或评审日期：		
推广或处理建议：		
资料目录：		
（盖章）		
审查意见	厅、局： （盖章） 年　月　日	部门或地方科委： （盖章） 年　月　日

内容摘要（包括成果的主要用途、原理、技术关键、预定和达到的技术指标、经济价值、国内外水平比较等）。 题目负责人签字： 年　月　日

说　明

1. 此表由各部门、各地方科委按规定的尺寸和格式统一翻印。

2. 表中除"部门或地方编号"、登记号、"分类号"、"核定密级"、"审查意见"、"登记日期"外，其余各栏由填报单位填写。

3. 本表要求填写工整，有条件最好打印。但"填报单位负责人"和"题目负责人"签字或盖章不得用打字代替。

4. "填报单位"是指院、所、厂、校一级基层单位；"完成单位"是指上述基层单位或所属所、室、车间、系等；几个基层单位联合上报时，应同时盖各单位的公章。

5. "主要研究人员"是指对解决该项目成果的关键技术问题有直接贡献研究人员中的主要者。

6. "内容摘要"栏，由题目负责人认真填写，以便发表"科学技术研究成果公报"时摘登使用。

7. "资料目录"栏应填该项成果所包括的全部技术资料名称，并应由填报单位档案机构盖章。

8. "鉴定或评审意见"是指成果最终鉴定或评审的结论，重大不同意见应列出。

9. "审查意见"栏，应有具体意见并加盖审查单位公章。

10. "核定密级"栏由国务院有关部门或由(市、自治区)科委按国家有关规定填写。

思考练习题

1. 科技报告与学术论文有什么区别?
2. 科技报告有哪些常见的类型?
3. 学科研究报告写作上有什么要求？拟写一份学科研究报告。
4. 科技实验报告格式有什么规定？拟写一份科技实验报告。
5. 科技成果报告由哪几部分组成?

第八章　科技论文

第一节　科技论文概述

科技论文是以自然科学和技术科学为内容，探讨和揭示科学技术规律，论证并公布科学技术新发现、新成果的文章。科技论文属学术论文的范畴，它是论述科技领域中具有创新意义的新成果、新见解和新知识；或者是总结某种已知原理应用于实践所取得的新方法、新技术和新产品的科技文献。科技论文是反映科研成果、开展学术交流的重要手段，对推动人类社会发展和科学技术的进步起着极为重要的作用。

科技论文主要用于科学技术课题的研究和科研成果的描述。它是科学技术研究成功文字的体现，是进行成果推广和交流的有力手段。写作科技论文是科学研究工作的最后阶段，通过论文形式将研究成果向社会发表，使之成为社会公认，并用之于人类的实践。因此科技论文既是科学研究的重要手段，又是学术思想交流的工具，其重要性是显而易见的。

一、科技论文的特点

从文体分类的角度看，科技论文是议论文的一种。议论文从宏观方面看有两类，一类是一般议论文，即对科学技术领域以外的某些现象或问题提出作者的见解或主张，并加以论述的文章；一类是学术论文，即专门对科学领域中的某些现象或问题进行研究、探讨的文章。科技论文便是属于科学技术领域中的学术论文，是在自然科学和技术领域中常见的一种文体。因此，科技论文既具有一般议论文的特点，由论点、论据、论证构成，同时又具备一般议论文所不具备的特点，具有学术性、创造性、科学性和规范性的特点。

（一）学术性

学术性是科技论文区别于其他论文的重要标志。科技论文侧重于对事物进行抽象的概括或论证，描述事物发展的内在本质和规律，因而表现为知识的专业性、内容的系统性。它要求读者应具有某一方面的专业知识。它与科技新闻报道文章、科普文章以及科技应用文有较大的区别。

（二）创造性

创造性是科技论文价值的根本所在，也是衡量科技论文学术水平高低的重要标志。它是为交流学术上的新成就、新理论、新设想、新方法、新定理而写的。

（三）科学性

科技写作中各类文体都强调科学性，因为科学性是科学技术的重要属性，是科技写作的最基本的要求。科技论文与其他科技文章相比较，对科学性要求更严格。科技论文的撰写必须论据充分，论证严谨，要能反映出写作者科学思维过程和所取得的成果。

（四）规范性

规范性是科技写作不同于文学创作或人文科学写作的一个重要特点。科技论文的规范性具有标准化的特性。

二、科技论文的分类

科技论文可按几种不同的方法进行分类。按其学科分类，如物理学论文、化学论文、医学论文、数学论文等。按其写作的目的，可分为学术性论文和学位论文等。按其写作时使用的表述方法，可分为论证型论文、描述型论文、设计型论文、评述型论文等。通常是按写作目的来进行分类，即一类叫学位论文，一类叫学术性论文。

（一）学术论文

学术论文是科技人员从事科学研究工作取得成绩的体现，反映各学科领域内最新的最前沿的科技水平和本学科发展的动向，对科技事业的发展交流起着积极作用。科学技术的新成果大部分是以学术论文形式发表的。学术论文的篇幅一般较短，以 5000～6000 字为宜。

由于学术研究中采用的科研方法不同，用文字记载成果时的写作方法有别，学术论文又呈现三种类型。

(1) 实验型。以实验本身为研究对象，或者以实验作为主要研究手段而得出科研成果后所写出的学术论文。它实际上是一种有创造性的科研成果的实验报告。

(2) 观测型。通过对研究对象的反复细微的观察测量而有所发现的科技成果。其研究的主要方法是观测。此类论文要求描述精确、细致，善于抓住事物的特点进行比较，一般没有复杂的论证和推理。

(3) 理论型。写作此类论文时，其研究对象是比较广泛的自然现象及这些现象之间的关系。研究的方法主要是数学推理、理论证明、综合考察等。它研究的成果主要是通过理论分析获得。

（二）学位论文

学位论文是由各类高校毕业生或同等学历人员撰写，作为提出申请授予相应学位时供评审用的论文。它是考核申请者能否被授予学位的关键。

学位论文分为学士、硕士、博士三级。

(1) 学士论文。应能表明作者确已较好地掌握本门学科的基础理论、专门知识和基本技能，具有从事科学研究工作或担负专门技术工作的初步能力。

(2) 硕士论文。应能表明作者确已在本门学科上掌握坚实的基础理论和系统的专门知识，具有从事科学研究工作或独立担负专门技术工作的能力。

(3) 博士论文。应能表明作者确已在本门学科上掌握坚实宽广的基础理论和系统深入的专门知识、具有独立从事科学研究工作的能力，在科学或专门技术上做出创造性的成果。

学位论文、毕业论文也可归入学位类论文。学位论文历来受到科技人员的重视。国际图书情报工作中，都把学位论文作为重要文献之一加以收集。

学位论文篇幅不受过多限制。一般学士论文在 8 千字左右；硕士论文在 5 万字左右；博士论文在 5 万字以上，有的甚至长达 10 万多字到 20 万字。

第二节　科技论文的选题

一、论文的选题

科技论文的写作过程大致可分为三个阶段，选题、准备和写作。选题是写作科学论文工作中关键的一步，其好坏直接影响论文的成败。科学论文的选题往往与作者所进行的科研工作紧密相连，一般都反映了科研工作的局部或整体。对事实的研究、对方法的研究、对价值的研究往往是选题内容的类型。对事实的研究，是对基础科学或纯科学中主要涉及的事实问题的研究，如研究发生的现象，并解释怎样发生，为什么发生。对方法的研究（一般是指应用研究和开发性研究的课题），主要是创新技术方法，包括硬件的设计和进行基础研究工作方面的研究。对价值的研究，就是对事物价值做出评价和判断。

选题的重要性主要表现在：

（一）选题是科学研究的起点

科学研究起始于问题。任何科学研究的第一步，都是选择和确立研究的课题。在多数情况下，它是一项重要的工作。爱因斯坦在评述伽利略测定光速的问题时说：提出一个问题往往比解决一个问题更重要，因为解决一个问题也许仅仅是一个数字上的或实验上的技能而已。

（二）选题是科学研究的关键环节

选题不仅是科学研究的起点，还是科学研究的关键环节。所谓关键环节，是指决定着科学研究的方向和路径，既关系到科学研究活动的进行，又关系到科学研究的结果，是制约科学研究能否成功的启动阶段。

选题恰当，即使一时难以圆满完成，通常也被视为研究活动已成功了一半，选题不当，从一开始就注定无望成功。无数的事实证明，选题不当是导致研究活动失败的最常见的原因。选题不当，不仅仅会浪费时间和精力，还会使人产生挫折感而动摇信心。

选题还制约着研究涉及的广度、深度和效果。

（三）选题是检验科学研究能力的尺度

选题如何是判断一个研究者能否独立从事研究工作的重要尺度之一，从中可以看出研究者的功夫。选题过程还是个提高科学研究水平的过程。研究者会从选题成功的体验和失败的教训中，逐渐认识到选题的重要性，从而增强选题的意识，训练选题能力，使自己在科学研究的第一步时就是一位成功者，即使这一项研究失败了，其原因也不在选题上。我国著名科学家严济慈对选题能力有过独到的论述。他认为，初级科研人员是在别人给他指点的领域和选定的课题之中完成一定的研究工作；中级科研人员能够自己选择适当的课题并独立完成；高级科研人员除自己从事创造性工作之外，还应具有指导别人进行科研的能力。

在科学研究过程中，课题选择之所以具有重要的地位，又为科学研究工作者高度重视，这是因为：

1. 研究课题的选择确定了研究工作的方向与效率；

2. 研究课题的选择是研究者科学素养的综合体现；

3. 研究课题的选择往往酝酿着科学上的新突破；

4. 正确选择研究课题是研究工作成功的一半；

5. 重大研究课题的选择会影响研究者终身的研究方向。

二、选题的原则

选题原则是研究课题选择与评价的基本依据。在已知与未知的领域内，我们可以提出许多问题，但并非所有这些问题都会成为科学研究的课题。只有那些具有内在的科学根据，适应社会需要，开拓新的领域，有条件能解决的问题，才能成为科学研究的课题。

所谓课题，从一般意义上讲，就是尚未解决的问题。从一般哲学方法论来看，问题就是矛盾。假若从已知与未知的矛盾来理解，那么由已知向未知方向发展是问题的提出；而从未知向已知的转化，是问题的解决。

在选择课题的过程中，正确选择研究课题应全面掌握以下五个原则：

（一）需要性原则

需要性原则是选择课题的首要原则，是评价科研课题有无价值和价值大小的基本准则。社会的需要是科学发展的动力，也是开展科学研究工作的根本目的。

（二）科学性原则

选题的科学性，是指课题要以已知的科学理论或技术事实为基础。对于理论性课题，科学性原则体现在是否有充足的事实为依据，对于应用技术研究课题，科学性原则体现在必须有科学理论为根据。

科研工作的任务在于揭示客观世界发展的规律，它正确地反映人们认识与改造世界的水平。科学性原则是衡量科研工作的首要标准。选题时也必须符合这一原则。如果违背这一原则，不仅课题选错，而且整个研究与写作也将毫无意义。

（三）创造性原则

创造性原则反映了科学研究活动的本身特征，是选择科研课题的根本原则。重复原有的理论、复制原有的技术，不属于科学研究的范畴。因此，选择研究课题必须要有创造性。创造性原则包含着两重含义：一是这一课题本身内容的先进性、新颖性，也就是这个课题确实是前人没有解决的或没有完全解决的问题；二是要保证课题预期研究结果的独创性、突破性，也就是通过对课题的研究能够发现或充实前人没有发现或者已经发现但尚未完善的真理。

创造性原则体现了科学研究的价值意义，保证了研究课题在科学理论上有所发展、有所突破，或者在技术上有所改进、有所创新，从而保证了预期的研究成果具有一定的学术意义和实际应用价值，防止了科学研究的重复和浪费。没有创造性的研究课题也就失去了它的研究价值。

（四）可能性原则

可能性原则就是在选择研究课题时，一定要根据实际具备的和经过努力可以具备的条件来选择研究课题。对预期完成研究课题所必须具备的主观、客观条件尽可能加以周密的分析与估计。

一项研究课题，无论具有多么诱人的魅力，但如果时代尚未造就它足以开启奥秘的钥匙，即使它为社会所渴求，为科学发展本身所企望，研究者具备再强的科研能力，那也是可望而不可及的事情。

选择研究课题应当注意哪些必备的条件呢？从客观条件看，它包括承担研究课题的科学研究组织及其智能结构、完成课题所必需的文献资料、实验仪器设备和材料、保证课题顺利进行的研究经费等。从主观条件看，它包括研究者应具备的与研究课题相适应的知识结构、研究者的科学研究经验和研究能力、研究者的身体健康状况和良好的心理素质等。

（五）效益性原则

效益性原则是指花费最低的代价，取得最大的社会效益和经济效益的原则。

要取得研究课题的最大总效益，就得在选择研究课题时，考虑增大研究课题的预期效益，减少成本投入和风险代价。

选择研究课题的五项基本原则既相互区别、又相互联系。需要性原则制约了科学研究的方向，否则研究课题就失去了应有的社会作用和科学价值；创造性原则反映了科学研究的本质特征，如不符合，研究课题就会重复雷同，造成人力、物力、财力和时间上的浪费；科学性原则体现了科学研究的内在根据，如不符合，课题就会陷入非科学或伪科学的歧途；可能性原则反映了科学研究的现实条件，如不符合，研究课题就可能中途夭折，得不到预期的结果；效益性原则反映了科学研究的投入与产出的关系，是对前四个原则综合评定的标准。所以，在选择研究课题时，应遵循上述选题的原则并加以综合考虑。

第三节　科技论文的写作格式

一、科技论文的构成及写作要领

科技论文包括题目、作者及工作单位、摘要、引言、正文（实验方法及论证过程）、结果和结论、致谢和参考文献等部分。

1. 题目。题目，即标题，以最恰当、最简明的词语反映论文中最重要的特定内容的逻辑组合。题名通常有三种标法：一是明确规定了论文的研究、论述的问题（即论题）。如《××××的可行性研究》；一是明确概括论文的中心观点（即结论），如《×××××是解决×××问题的根本途径》；一是显示研究方法，如《梳理河道与加高河堤——治水措施面面观》。

2. 作者及工作单位。论文的署名或作者的先后排定依照对论文研究的贡献、作用大小而定。一般作者署名写在标题下，作者署名下面再用括号标明作者工作单位。

3. 摘要与关键词。摘要是对论文内容的简短陈述，目的是使读者尽快地了解内容，以便决定是否精读全文。一般是用极简要的语言将论文的主要研究途径、主要观点和成果加以概括和提炼。

关键词又称主题词。关键词选取的目的是为了文献检索、信息贮存的方便；选取的原则是，最能表达论文中心内容、标志论文主题的若干单词、词组或术语。关键词一般选择 3 至 8 个，排在摘要的左下方。

4. 引言。引言又称前言、导言或绪论。它是科技论文的开端。任务是简要说明研究工作的源起、目的、范围及相关领域前人做过哪些较重要的工作和存在什么问题等，提炼研究课题，揭示并限定论文的研究范围和途径。

5. 正文。科技论文的正文部分是围绕中心论题，依据有关论据与资料进行层层论证的部分。单纯型、试验型的科技论文，由于是以某项试验为中心，正文部分则通常分为如下两个层次：一是说明试验材料和方法；二是陈列试验结果并做出分析。

6. 结论和讨论。这里所讲的“结论”，是科技论文最终的、总体的结论，不是正文中各小段的重复。结论的写作要求准确、完整、明确、精练。这里所说的“讨论”，是指有的论文不能推导出应有的结论，便应进行必要的讨论，这是科技论文特有的结构因素。

7. 致谢。致谢不是每篇科技论文都具备的部分，只在必要时才作说明。致谢的范围一般包括提供研究基金的单位或个人，协助完成研究工作和为研究工作提供了便利条件的单位和个人。

8. 参考文献。科技研究工作总是在前人的基础上发展，因此论文中凡是引用别人的结论、实验数据等资料必须指明出处，否则会被视为不尊重前人的成果，甚或被认为是剽窃行为。一般需引用、评述、涉及前人的论述、观点、数据等，这些都需要在“参考文献”部分一一说明出处。

二、常用实验型科技论文写作

实验型论文指的是运用实验（试验）、观察等方法进行科学研究而获得新材料、形成新论点的论文。它着眼于新技术、新产品开发研究。一般由标题、作者和单位、摘要、前言、结论、谢辞、参考文献等八个部分组成。为了加强国际交流，全国性刊物都要求在文章的后面增加外文摘要一项，有的论文在参考文献后面还有附录，这样全文就有十个部分了。不过格式是灵活的，但重要的论文要输入计算机贮存，必须严格按规定格式书写。

三、理论型科技论文写作

理论型科技论文指的是在调查研究、阅读文献资料和部分试验的基础上，运用逻辑推理和假说，形成新论点并对这一新论点进行理论上阐发的文章。它着眼于探求自然现象，揭示事物的客观规律和真理。

这类论文理论性较强，结构形式和社会科学论文基本相同，一般由标题、作者及其单位、提要、绪论、本论、结论、参考文献与外文文摘等组成。其中绪论、本论、结论是主体。绪论又称前言，是全文的纲。主要介绍背景材料、研究内容和论述方法等，好使读者对文章的全貌有所了解。本论是正文部分，它是在总论点的统辖下展开，各个分论点所要讲的事实和所要讲的道理基本集中在这里。结论是对全部观点的总结，含结果、研究成果意义的说明和展望等。

四、毕业论文写作

毕业论文（学位论文）是大专院校学生毕业前或大学本科（学士）、硕士、博士研究生获取相应学位前写作的，体现其专业学习水平、成果的论说文。毕业论文（学位论文）实际上归属学术论文这个大范畴，是学术论文的“初级阶段”。它包含社会科学论文和科技论文两类。

（一）毕业论文提纲的拟订

1. 确定论文目录，再加进材料，形成全文的概要。论文目录是论文内容提纲的雏形。在执笔之前把论文的大题目、小标题列出，这就是我们常说的目录，然后再把材料插进去，把统计数据、图表说明等分别安插在各材料之后，这就是形成内容的概要。有如此的雏形，便可进一步确定重点和非重点，绪论、本论、结论的大体字数。

2. 论点与材料的统一。论点鲜明正确，然后从论点出发，决定材料的取舍，把与论点无关的材料毫不痛惜地舍去。竭力避免材料一大堆，却不能说明问题。

3. 中心论点与分论点之间的联系和从属关系分明。毕业论文的材料多，它不是一个或两个分论点就能容纳得了的。其次，准备时间长，篇幅也较长，在这样的情况下，必须有多个分论点。此时，应明确分论点是为中心论点服务的，它是从各个不同的侧面来论证中心论点的。中心论点是分论点的中心，是灵魂，一切离开中心论点的分论点，都应弃去。

（二）毕业论文的写作格式

毕业论文的构成，一般包括以下项目：论文的标题、目录、内容提要、正文、参考文献。

1. 封面

由于学位论文的篇幅比其他论文长，同是以单行本形式递交学位评定委员会，最后又以单行本的形式存档，所以要有封面。封面能提供论文的主要信息和保护论文，它是给人的第一印象，因而设计、装帧要美观、大方，装订要牢固。

封面的内容包括：标题、指导教师姓名、职称、单位、申请的学位、课题的专业方向、完成日期等。

2. 目录

目录又称目次，一般排在扉页之后。由论文章、节、条、款、附录等的序号、题名和页码组成。有的根据需要也可在目录前或后加上序。有的是作者自序，对论文及写作过程的有关事项作必要的介绍和解释，也有的由别人写序，除了对论文的有关方面作介绍外，还可做出评价和议论，有的作者还把谢辞放在序中。

3. 摘要

学位论文的摘要有两种写法：

一种是放在目录之后、正文之前的摘要。它比较简短，与一般论文摘要的写法相同。

另一种是详细摘要，供学位评定委员会所专用。一般有 2000～3000 字，概括介绍论文的内容要点，研究工作的思路及方法、过程，以便评阅者了解作者的研究能力和写作意图。详细摘要的写作必须实事求是，忠实于原文，分清主次，详略得当，有条理，突出论文的核心。

4. 引言

学位论文的引言，在写作上与其他论文的要求是一致的。不同的是：学位论文的引言中要作文献综述，其目的是为了考核学生检索、搜集文献资料后综述文献的能力，了解其研究工作的范围及质量。

学位论文引言的内容包括三个方面：

（1）选题理由。阐述论文选题理由、意义和论文中心。能反映作者对论文课题的研究方案的充分论证。

（2）文献综述。综合叙述关于本课题的产生、发展，既有历史回顾，关于学科概念、规律的理论分析，也有前景展望和前人工作的介绍，还要点出现在的知识空白点。要能够反映研究工作的范围、质量和作者对文献的分析、综合和判断能力。

（3）学术地位。阐述本课题解决的具体问题及其工作界限、规模和工作量，说明本课题工作在本学科领域内的学术地位。在论文中要能够反映作者所在学科领域内的学识水平。

5. 参考文献

列举参考文献是学位论文的必备要求。这是作者产生创见的根据，也能使论文审查者了解作者利用文献的范围和努力的程度。

（三）毕业论文（学位论文）的写作必须注意的问题

1. 选题要得当。一般地，为了容易驾驭，选题开口宜小，为了容易取胜，选取的角度宜新。

2. 材料收集要充分。鉴于论文一般是靠论据（材料）论证论点，且学生一般又特别缺乏感性认识与实践经验，理性的东西也知之有限，故能否充分地收集占有材料往往是毕业论文写作成败的关键。材料收集既要广泛深入，又必须有针对性，还必须善于去粗取精，学会筛选，以便在有限的论证篇幅中展示最有说服力的材料（论据）。

3. 论证要严密。论文与其他文章不同，它要求用简明的语言讲清一个或几个道理，因此论证必须严密精当。严密的论证是一个贯穿论文全篇的系统工程，远说，它要求作者有较深厚的基础理论功底，积累占有较丰富的研究材料，具有较高的分析综合能力；近说，这从结构布局到遣词造句都必须严谨有序，其中包括文章内容必须以说理为中心，结构形式必须服从事理发展逻辑，论证过程必须始终言之有理，持之有据。此外，写作前必须细致地分析所有的材料，理清思路；写作时必须紧紧抓住所要阐述的问题组织和使用材料，用严密的论证来说明自己的观点。

毕业论文（学位论文）的写作格式按其所属的类别，分别与上述科技论文或社会科学论文的写作格式不同，有时可省略某些附加成分。

4. 不同层次的毕业论文（学位论文），写作格式基本一致。

第四节　科技论文的写作结构与语言特点

一、科技论文的写作特点

科技写作有别于文艺写作、政论写作、公文写作和日常应用文写作，它熔科学技术的丰富内容和成熟的写作理论及技巧于一炉。它除具有一般写作的基本规律外，还有其自身的一些特点：

（一）鲜明的目的性。写学术论文要把自己的主观意图、见解表达出来。它或是表达出某一领域的新创见，或是补充前人或其他学科不够完善、科学的地方，或是对看法不一致的问题及假说提出自己的见解，或是对一直被人们忽视的或不重视的问题提出自己的新看法，或是对一个具体的问题提出改进方案或措施等。

科技写作的目的是为了总结科学研究的成果和协调科技活动的进行。它是为直接解决科技领域的问题，促进科技事业的发展，为国民经济建设服务的，是为人类做贡献的。

（二）突出的科学性与创造性。科技写作与其他各类写作最显著的区别就在于它是记录科技领域里的信息，它的生命在于科学性。

科技写作的内容必须是客观存在的事实、人物或被实践检验的理论，论述和探讨的问题，描述的对象必须符号客观事物的规律，符合被实践证明的法则、公理。

创造是科技研究的生命，没有创造就没有科学。有才华的科技工作者，常常把精力用在独创上，他们在观察事物、思考问题、分析现象时，总是“求异存同”，以“求异”的眼光发现别人没有涉及过的问题，然后在综合别人认识的基础上进行创新。

（三）读者对象集中，作品应用性强。科技作品的读者对象是专业科技工作者及与科技有关的人员，表现出对象的专门性和狭隘性。至于科普创造，可以认为是通俗化了的科技写作，读者对象相对广些、多些。

科技作品中一部分是处理有关科技工作中业务关系的文献，如专利说明书，发明申请书、合同书、产品说明书、技术鉴定书等。广义而言，科技报告、科技论文也是指导生产实践的文献。可见，科技写作有较强的应用性。

（四）人工语言符号多，文体结构独特。科技写作中所有的语言符号，不仅有属于自然语言符号系统的，而且常运用人工语言符号系统（包括图、表、照片、公式及各种书面符号）。比较一般文艺作品，人工语言符号用得较多。

科技写作根据科技活动的需要，已初步形成自己独特的结构方式。如正规的科技论文一般规定具有标题、署名、摘要、关键词、引言、正文、结论、致谢、参考文献及附录等部分。

二、科技论文的结构

科技论文的结构主要指文章内部诸要素（论点、论据、论证、说明、议论、叙述）之间的联系及其作用的方式在文章形式上的反映。

因此，科技论文的结构还包括以下几项内容：首先在论证系统中，论点、论据、论证的安排方式；其次在表达系统中，论证、说明、叙述的次序；再者在语言系统中，由字、词、句、段组成的整体的文章布局。以上三个方面又组织、统一于一篇文章之中。学术论文的结构安排与分析都应从包括上述三个方面在内的统一整体出发。

（一）科技论文的结构特点

1. 结构的完整性。文章结构是有机、系列的整体，任何文章经过安排，都成为各种结构之间互相联系的统一的完整的有机体。

2. 结构的层次性。文章结构的层次性，揭示了构成全篇结构诸因素间纵向隶属关系。也就是说一篇文章如果以中间段为参照系，则向上与它的母系统，向下与它的子系统，向左、向右与它的邻系统都构成了一种纵横交错的层次关系。

3. 结构的开放性。文章结构的开放性是说文章结构与周围环境和社会发展的关系。文章结构不是封闭的，不是一成不变的，是随着文章自身的发展而发展、变化而变化的。

4. 结构的特殊性。文章结构整体性、层次性和开放性具有普遍的意义，对任何文章都是适用的。但是不同体裁文章的结构还有它的特殊性。

（二）科技论文的内容

1. 内容层次的逻辑性和不可变性

在科技文章中，特别是学术类、应用类和部分科普类文章，其内容的层次安排有着极强的逻辑性。这种逻辑性是由客观事物的发展规律决定的。不少科技文章的主旨又是通过逻辑推理来获得的，作者要物化这一思维过程，就只能按同样的逻辑推理过程来安排结构。有些科技文章在内容上虽然没有逻辑上的先后顺序，但内容各部分却不能随意颠倒移动，其层次、段落具有不可变更的特点。譬如，实验装置的叙述，实验方法和步骤的说明，其顺序都不允许颠倒，否则将会背离其科学性的宗旨。

2. 既有固定格式又要体现个性

科技文章大都有固定的格式。学术类文章，国家已颁布了《科学技术报告、学术论文和学位论文的编写格式》的标准。科技论文的大体格式是:(1) 标准;(2) 提要;(3) 引言;(4) 实验方法和论证手段;(5) 结果与讨论;(6) 结论;(7) 致谢;(8) 附录;(9) 参考文献等。在应用类文中.诸如科技成果鉴定书、发明申报书、专利说明书、科技公文等,国家也都明文规定了格式。这种格式的规定,免去了科技写作时安排结构所耗费的时间和精力,也给读者阅读提供了方便。

但是,科技文章结构的相对固定的格式并不是要限制作者个性的发挥。在给定的格式范围内,作者的思路仍可以自由驰骋,因为格式中的每一部分在结构安排上都有一定的自由度,不同的作者在统一的格式下,可以创造出风格文采迥异、结构形式独特的文章来。

3. 纲目分明,图文并茂

在科技文章中,一般都要使用小标题和序号。小标题是各部分内容的概括,序号是全文章节排列顺序的标志,这样可以便文章纲目分明,条理清晰,结构统一。另外,科技文章往往要大量使用图表、符号、公式等非语言符号系统,具有表达准确、信息量大的特点。这些图、表、符号的设计及其在文章中的位置,都需要在安排结构时予以考虑,以求图文并茂。

三、科技论文的语言

科技语言是随着科学技术的产生而出现,也随着科学技术的发展而不断丰富。科技语言不是孤立的语言,它必须与文学语言结合才能表述得科学。

科技写作的内容及其思维方式,决定了科技写作必然使用科技语体进行表达,而某些反映科技事务的文章,同时又具有事务语体的特点。准确、简明、严谨、庄重、规范是科技写作的语言特点。

(一) 准确性。准确主要表现在两个方面:1. 语词表达概念的准确性。概念都是相对准确的内涵和外延,而科学概念则不但具有确定的内涵和外延,而且具有鲜明的学科特征,如应力、应变、强度、刚度等,就是一些具有鲜明力学特征的学科概念。科技写作是学科性很强的写作行为,写作过程中,写作主体的思维活动,除了也使用一般概念外,主要使用具有学科特征的科学概念。同时,为了达到用词准确,在科技写作中应当运用已公布的统一名词和科技用语。2. 语句表达判断的准确。在科技写作中,判断不但是思维的前提,而且是思维的结果。写作主体的写作过程和认识成果,正是由一系列的判断构成的。判断的功用是多样的,可以定性、定量、定关系,还可以同时定模态、定时态等。

(二) 简明性。科技写作的语言是简洁明确的。简洁,就是用最少的语言符号来表达定量信息,干净利落,不拖泥带水。“增之一字则多,减之一字则少”是简洁的理想境界。因此,在写作中,特别是修改文稿时,要删除那些可有可无的语词语句,要尽量使用紧缩句。明确,就是语词、语句表示清楚,不含含糊糊。影响语言明确性的原因很多,诸如指代不明,省略不当,简称使用不当等等。

(三) 严谨性。严谨,就是前言后语不自相矛盾,就是每出一言,必有理有据,无懈可击。相反,在不提供文献检索资料的情况下,用“填补了国内的一项空白”、“达到了国际先进水平”的语句评价自己的研究成果,就属于语言表达不严谨。

(四) 庄重性。科技写作是一种客观反映科技活动情况的写作行为,科技写作所提供的事实、数据以及由此而得出的结论是科技写作行为的价值所在,而写作主体对上述内容的好恶、褒贬是无足轻重的,并且是有可能有害于客观表达的。因此,科技写作忌带主观性,没有必要也不允许在写作中使用抒情笔调，充满政治色彩。即使是反驳谬论的文章，也应通过冷静客观地陈述相反的事实进行反驳，而不应当用嘲讽的言辞进行挖苦或攻击，这种冷静的、不带主观情意性的语言风格，就是科技写作应有的庄重的语言风格。

（五）规范性。规范性就是标准性、统一性。科技信息要交流，科学语言就必须具有国际性。尤其是文章中术语、缩写、符号、计量单位等都应按国家的统一标准使用。如果没有统一的使用规格，各行其道，写出的文章相互不易理解，就发挥不了科技文章交流信息的作用。

四、例文简析

干扰素研究进展

摘要：人们对 IFN 的研究是从发现病毒间的干扰现象开始的。对 IFN 的分子结构、活性及活性表达的作用机理、基因调控及遗传工程、诱生剂及超诱导现象的研究，为 IFN 的人工制备和临床应用开辟了广阔的前景。IFN 对所有的病毒及其他微生物都有一定程度的抑制作用，对机体的免疫反应起着重要的调节功能。随着 IFN 的生产、提纯技术的不断改进和完善，IFN 的工业化生产，使 IFN 在人、畜疾病防治中的作用不断得到充分的发挥。

关键词：干扰素；生物学活性；人工制备；临床应用

从上世纪初叶起，人们便已发现：当两种病毒同时感染宿主时，最常见的就是干扰现象。这种干扰现象可以发生在无免疫学关系的病毒之间，也可以发生在同一病毒的无毒株和有毒株之间以及相近病毒之间；它既可以发生于动物机体，也可以发生于组织培养的细胞上。那么是什么物质导致发生了干扰现象的呢？病毒学家们经过进一步的研究后断定，引起病毒间干扰现象的活性物质不是病毒本身，也不是抗体，而是一种非抗体性的物质——干扰素(Interferon IFN)所致。它是英国学者 Isaacs 和 Lindemann 在 1957 年研究病毒间干扰现象时意外发现的。他们把灭活的流感病毒作用于小鸡细胞，结果发现这些细胞产生了一种可溶性物质，这种物质能抑制流感病毒，并且能干扰其他病毒的增殖，

因此，他们将这种物质称为“干扰素”。干扰素一经发现，便引起了人们极大的关注和广泛的研究。科学家们进一步发现，机体对入侵的异种核酸(包括病毒)都产生 IFN 以进行防御。当机体细胞受到病毒感染时，机体细胞产生 IFN，干扰病毒复制，它是机体抗病毒感染的防御系统。近 50 年来，通过大量的实验和研究，人们对 IFN 的分子结构、理化性质、生物学活性等有了较为全面的了解，并对 IFN 的生产、临床应用等方面的研究也有了重大的进展。

1 干扰素概述

IFN 是机体免疫细胞产生的一种细胞因子，是细胞在特定诱生剂(如病毒)作用下通过细胞基因组控制产生的一种或多种结构相似、功能相近的低分子糖蛋白，是机体自身产生的一种抵御外来病毒入侵、维持机体细胞功能自我稳定的防御性物质。它通过对细胞一系列其他基因组的诱导和抑制作用，调节细胞功能，防御外来物质特别是异种核酸的侵入，维持细胞的正常生理状态。所以说，它是细胞功能的一种产物，对生物进化具有普遍意义。

IFN 系统广泛存在于生物界。人类、马、家兔、羊、鼠、禽、鱼类等，均可发现 IFN 的产生。即使在贝壳类和昆虫中也能发现有 IFN 类似物质存在(Fantes，1975)。甚至在细菌中

也存在一种原始的 IFN 系统(Pevel,1975)。Pegatli、Fantes 等也先后报道,在高等植物细胞内,也存在着 IFN 系统。

正常生理状态下,动物细胞的 IFN 系统处于静止状态,细胞并不自发产生 IFN。如人、马、猪、兔、羊、鼠、禽的机体或其细胞培养上,只有在适当的诱生剂作用下,才能产生 IFN。病毒是良好的 IFN 诱生剂,尤其以 RNA 病毒的诱生能力为最强。如麻疹病毒、禽流感病毒、鸡新城疫病毒、脊髓灰质炎病毒和口蹄疫病毒等。此外,细菌(大肠杆菌、李氏杆菌等)、真菌(白色念珠菌、灰黄霉菌等)、立克次氏体、衣原体、原虫(弓形体、锥虫等)、植物提取物(植物血凝素,PHA)、多聚化合物(多聚肌胞,poly I:C)等都能诱导细胞产生 IFN。

IFN 的产生受细胞基因组的控制。在正常情况下,这一基因组处于不活动状态,它受到细胞 DNA 中另一种蛋白质抑制物的控制,这一控制物本身也有其相应的基因存在,也有相应的抑制物 mRNA 存在。该蛋白质抑制物与 DNA 的操纵基因的区段相结合,从而阻止了在启动基因位置上的 RNA 多聚酶的活性发挥,IFN 的结构基因便不能转录而合成 IFN 信使核糖核酸。但是,当病毒感染或非病毒诱生剂作用于细胞膜后,使细胞产生一种蛋白质,这种蛋白质与基因抑制物相结合,并改变其立体构型,使之不能再与操纵基因结合,从而解除了抑制物对宿主细胞 IFN 基因的抑制作用,IFN 基因便被激活。位于发动转录的启动基因的 RNA 多聚酶被激活起来,IFN 操纵子开始转录合成干扰素 mRNA,mRNA 在细胞核内合成后,迅速转移到细胞浆,在核糖体上转译生成 IFN 蛋白质。IFN 一经合成,便很快释放到细胞外液,使周围其他细胞浸渍在一定浓度的 IFN 环境中,从而发挥 IFN 的所有活性。

IFN 按其来源可分为Ⅰ型和Ⅱ型两种。Ⅰ型 IFN 由体细胞及 B 淋巴细胞所合成;Ⅱ型 IFN 是由特异性免疫诱导或由非特异性的细胞有丝分裂素刺激 T 淋巴细胞而产生,又称为免疫 IFN 或 γ—IFN。不同的细胞产生 IFN 的能力差异很大。

人们对 IFN 的研究是从发现病毒间的干扰现象开始的。上世纪 20 年代,干扰现象便被病毒学家们所重视,并通过组织培养或动物试验对干扰现象进行了深入的观察、研究。经过大量的实验逐步认识到,病毒间的干扰现象可能是由一种非抗体性的物质所致(Burnet 等,1952)。但若干年来许多研究人员试图找到这种物质,却都没有成功。直到 1957 年,这种非抗体性的物质—IFN 被发现了。于是,人们迅速对 IFN 的性质进行了大量的、富有成效的研究。证明 IFN 是从细胞内释放的一种蛋白质,它不直接作用于病毒,而在细胞内发挥抗病毒活性。除此之外,IFN 还具有抗肿瘤、抑制细胞生长、抑制其他微生物的作用。IFN 具有抗原性(Paucker 等,1962),分子大小不均 (Smith 等,1967)。随后又相继发现了某些细菌、内毒素、立克次氏体也能诱生 IFN(Younger,Hopps 等,1964)。这一时期,通过对 IFN 的大量研究,对其本质、作用以及活性发挥等有了较为全面的了解。到了上世纪 70 年代后,IFN 的研究从细胞水平进入到了分子生物学研究的时期。对 IFN 蛋白质的分子结构、IFN 各活性之间的关系以及活性表达的作用机理、基因调控及遗传工程、诱生剂及超诱导现象等有了更新的认识,并为 IFN 的人工制备和临床应用开辟了广阔的前景。随着 IFN 的生产、提纯技术的不断改进和完善,IFN 在疾病防治中的作用不断得到充分的发挥。

2 IFN 的生物学活性

2.1 干扰素的抗病毒作用

在 IFN 的活性中,抑制病毒繁殖活性是 IFN 最基本的、普遍的作用,也是研究得最多的。几乎可以说，IFN对所有的病毒有一定程度的抑制作用。主要表现在病毒的增殖量减少以及因病毒感染细胞损伤减少。IFN本身并非抗病毒物质，对病毒没有直接灭活作用，它既不能阻止病毒吸附和入侵细胞，也不能阻止病毒释放。IFN抗病毒作用的发挥是通过细胞基因(组)转录及翻译的产物来实现的。通常认为，IFN主要作用于病毒mRNA的翻译水平，通过对建立和维持细胞转化所必需的病毒基因信息进行干扰，抑制受病毒感染细胞中病毒的酶、核酸和蛋白质的合成，阻断病毒的复制、释放和增殖。同时增强巨噬细胞的吞噬活性，增加淋巴细胞对靶细胞的特殊细胞毒性，从而发挥抗病毒作用。

我们知道，机体细胞内存在合成抗病毒蛋白质的基因，但由于存在抗病毒蛋白质的密码抑制物，所以正常状况下不合成抗病毒蛋白质。但在IFN存在的情况下，IFN首先作用于细胞膜上的结合位点(一种神经节苷酯)和激活位点(可能为糖蛋白)所组成特异性受体系统，该IFN与细胞膜上特异性受体结合后，引起细胞膜理化特性与形态学改变。然后可通过(或部分通过)cAMP第二信使系统，也可能是产生一种特异性因子，与蛋白密码抑制物相结合，从而使细胞染色体内的“抗病毒蛋白”操纵基因解除抑制，激活“抗病毒蛋白”基因转录合成相应的mRNA，进而转译成多种“抗病毒蛋白”(antiviral protein，AVP)使细胞变成抗病毒状态或发挥IFN的其他作用。

IFN抗病毒作用的相对种属特异性是由细胞膜上特异性受体决定的，但在以后的过程中无异性。IFN的作用除了与其浓度有关外(浓度与对病毒的抑制作用呈正比)，还与动物种属、细胞类型、病毒的种类以及病毒的感染方式等有着十分密切的关系。

2.1.1　与种属的关系　一般情况下，IFN在生产该IFN的同种细胞上的活性大于异种细胞，即具有相对种属特异性。最早的试验认为，IFN有完全的种属特异性，在异种动物细胞上无活性(Tyrrell，1959)，以至有人提出将这一特异性作为判断IFN的一项必须标准。但后来的试验证明，这种种属特异性是相对的。在某些种属关系很远的动物间，发现存在着交叉活性。有的IFN在异种动物细胞上的抗病毒活性甚至比在同种细胞上高。IFN的这种特异性，被认为是由细胞膜上的特异性受体所决定的。IFN蛋白分子可能存在两个部分：一部分负责识别细胞表面受体，从而表现了相对的种属特异性；另一部分负责诱生一种与核糖体有关的AVP，这部分是无特异性的。

2.1.2　不同细胞的敏感性　IFN对来自同一动物的不同细胞的抗病毒作用也不一样。同一种属的不同细胞株或细胞系在同一条件下对同一IFN制剂的敏感性有较大差异。根据IFN抗病毒活性基因定位的研究表明，细胞对IFN的反应能力与细胞特殊的基因或基因组有关。因此，这种敏感性差异反映了不同细胞基因组表达的差别。

2.1.3　与感染类型的差异　病毒感染细胞常见的情况有两种：一是病毒感染细胞后，其核酸并不整合到宿主细胞基因中去，因病毒大量增殖，引起细胞损伤，随着感染恢复，细胞内病毒的抗原性随之消失，大多数急性感染可能为这一类型。另一种是病毒侵入细胞后，其遗传信息整合到受染细胞的DNA上，整合的病毒基因可以持续表达，不断释放感染性病毒或病毒基因产物，使正常细胞发生转化，或因抗原—抗体复合物造成组织损伤。某些肿瘤病毒或慢性感染病毒可能属这一类型。IFN对上述两种不同感染类型的病毒—细胞系统作用不同。通过体外试验结果分析，认为对一般急性病毒感染，应用外源性IFN的防治效果较好，对病毒基因已整合到宿主细胞DNA的慢性感染，IFN则不能清除细胞内的病毒基因，但可减少因抗原抗体复合物引起的细胞损伤。Ⅱ型IFN引起的细胞抗病毒状态较Ⅰ型

IFN 缓慢。

2.2 对其他微生物的作用

无论是直接使用 IFN 制剂还是使用 IFN 诱生剂，均可观察到 IFN 对病毒以外的其他微生物也有抑制作用。但不如对病毒的抑制作用那么强烈。在组织培养中，经 IFN 或其诱生剂处理后，可以抑制衣原体、立克次氏体、寄生原虫等在相应组织培养中的空斑形成，保护单层细胞不受破坏，抑制感染病原体的生长繁殖。利用动物试验，也可以获得类似的结果。经过 IFN 或诱生剂处理的试验动物，无论是感染了细菌、立克次氏体或寄生原虫，其临床病灶的发展可明显受到抑制。试验动物存活时间比对照组长，死亡率比对照组减少。

2.3 干扰素抗细胞生长作用

IFN 对细胞在体外的分裂繁殖具有明显的抑制作用，而且不论对转化细胞生长或正常细胞的生长都有抑制作用。在各种不同条件下，IFN 制剂的抗细胞繁殖活性与抗病毒繁殖活性呈平行关系。但抑制细胞繁殖所需的 IFN 量要比抑制病毒繁殖的量大得多。而且还观察到，只有当 IFN 持续存在于营养液中时，才能发挥最大的抑制作用。当 IFN 从溶液去除后，细胞又可进行正常繁殖。IFN 在动物体内也具有抑制细胞生长的作用。有人将小白鼠的肝脏作部分切除，然后每间隔数小时腹腔内注射 6.4×10^{5} 单位 IFN（比活性 $5\times10^{6/mg}$），切除肝 48 小时后注射一定量的 ^{3}H 胸腺嘧啶核苷，以检验肝细胞的再生情况。结果说明，IFN 对肝细胞的再生具有抑制作用（Frayssinet 等，1973）。另外，在人医临床上，也发现长期使用大剂量 IFN 治疗某些病毒病和恶性肿瘤的患者，其血象中的白细胞、血小板和网织红细胞都有明显下降，但这种下降是可逆的，治疗一旦停止，血象又可恢复正常。

目前，关于 IFN 的抗细胞繁殖活性机制，认为是通过 cAMP 系统来实现的。IFN 作用于细胞膜上的特殊受体，一种神经节苷脂或神经节苷脂类物质，刺激了腺苷酸环化酶，增加 cAMP 水平，从而抑制细胞生长的作用，cAMP 的增高与细胞 DNA 的代谢抑制相平行。总之，IFN 对细胞繁殖的抑制作用，不是因该种活性物质对细胞的直接毒害作用，因为不论对照或 IFN 处理的细胞，用台酚蓝染色均呈有活力的细胞。

2.4 干扰素的抗肿瘤作用

IFN 具有抗肿瘤作用。无论是肿瘤病诱生的肿瘤，还是由化学致癌物引起的肿瘤或移植性肿瘤，IFN 均有抑制作用。很多实验可以观察到，IFN 处理可以使感染性病毒以及由病毒引起的细胞转化明显减少，防止新细胞受病毒侵犯而进入转化状态。IFN 在体内、体外均有明显的抑制细胞分裂繁殖的作用，控制肿瘤细胞在琼脂糖中形成克隆的能力，控制细胞大分子物质的合成。IFN 还可改变淋巴细胞膜的性质，增加对异体血清的吸附能力，增加肿瘤特异性抗原的表达，促进巨噬细胞的功能，导致肿瘤细胞的迅速破坏和减少。IFN 可以抑制抗体反应，从而降低肿瘤保护抗体即封闭抗体的水平，使免疫系统更有效地作用于肿瘤。

因此，IFN 的抗肿瘤作用可能是包括抑制肿瘤病毒的繁殖、抑制肿瘤细胞的分裂及调动机体免疫系统杀伤肿瘤细胞等共同作用的结果。

2.5 干扰素的免疫调节作用

IFN 与免疫系统有着十分密切的关系，正日益受到人们的重视。IFN 系统不仅对抗病毒免疫有着十分重要的作用，而且对整个免疫学也有重大意义。大量研究资料表明，IFN 对机体的免疫反应起着重要的调节作用。当 IFN 作用于细胞膜上特定的受体后，引起了细胞内功能的一系列变化。IFN 可以调节 T 细胞、B 细胞的免疫功能，在一定条件下，起抑制或促进作用，这种作用与IFN的剂量、作用时间等有关。在免疫反应早期，IFN可以抑制T细胞的增殖和B细胞的抗体反应，而后期则具有促进作用。低浓度时，导致T淋巴细胞增殖及抗体应答的明显增强；而高浓度时，则对T细胞增殖和B细胞产生抗体有抑制作用。这说明IFN在免疫防御系统中有高度交错的调节功能。它可能有两方面的意义：一是当大量病毒入侵血液时，抗体的产生将导致有害的抗原抗体复合物的形成，而IFN对抗体暂时性的抑制作用，在一定的时间对机体是有利的。二是在病毒感染中，淋巴细胞的特异性激活将导致对病毒敏感性增加，IFN作用于激活阶段，正是病毒大量繁殖的时候，此时抑制淋巴细胞的激活对机体有益。

IFN系统是机体对病毒的重要防御系统，在感染的防御机制中，IFN出现最快，几乎与受感染细胞内新病毒粒子的产生同时发生，通常数小时内达到高峰，合成后很快释放到细胞外，扩散到各种体液和其他细胞而发挥抗病毒作用，持续20～25小时，抑制病毒在入侵部位增殖，限制病毒扩散，保护靶细胞，以促进感染恢复。IFN在体内停留的时间短，注入的半衰期为7～11分钟。它与细胞免疫、体液免疫以及各种非特异性因子一起，共同担负着抵抗病毒感染的任务。

IFN还可以持续性地促进巨嗜细胞的吞噬功能，可以增加自然杀伤细胞（NK细胞）的自发性细胞毒活性，能激活细胞介导的细胞毒的选择性免疫防疫机制。这可能与IFN改变了淋巴细胞膜的作用有关。另外，Ⅱ型IFN本身就是致敏T淋巴细胞受抗原刺激后释放的一种可溶性物质，是淋巴因子的一种，直接参与细胞的免疫反应。

3 IFN的人工制备与应用

3.1 IFN的制备（略）

3.2 IFN的应用（略）

4 IFN在兽医学上的应用（略）

随着IFN人工生产技术的不断改进，IFN诱生剂、IFN超导现象及遗传工程的研究，IFN的工业化生产，必将使IFN及IFN诱生剂应用于动物病毒病的防治愈来愈普遍。同时也为细菌、真菌、原虫等引起的疾病的防治开创了广阔的前景。

参考文献：

[1] 李武平等.干扰素－β1b的高效表达、纯化及抗病毒活性研究.病毒学报.2002（3）:240～244

[2] 邢利和，王福生.干扰素主生细胞的研究进展[J].国外医学·免疫学分册.2002(2):76～79

[3] 李耀华.干扰素在禽病防治上的应用，养殖技术顾问[J].2002（3）:29

[4] 王云，常志文.干扰素的作用机制和临床应用[J].临床荟萃.2002（3）:241～243

[5] 姚娟，史百芬等.鸡白细胞α-干扰素的研制[J].上海实验动物科学.2002(3):173

简析：这篇科技论文从生态学的角度集中评述了国内外专家关于干扰素的认识、研究和实践。文章在国内外专家研究经验、优秀研究成果的基础上，提出了自己独到的见解，对于加快干扰素研究进程和探索其以后在人、畜类疾病防治中的作用，具有一定的现实意义和科学价值。

在写作技巧方面也有一些独到之处：第一，文章取材于国内外对干扰素研究的进程和成果，作者进行了详尽的分析，论据充分，立论可靠。第二，文章详略得当，首尾呼应。作者首先简要陈述了近 50 年人们对干扰素研究的情况，紧紧扣住了全文的主题。后详写了干扰素的生物学活性和干扰素的人工制备与应用。其中作者花了大量篇幅从五个方面讲述了干扰素的作用，同时又花了少量的篇幅讲述干扰素在兽医学上的应用，旨在避免冲淡主题。第三，文章着眼生态环境，认识深刻，用语准确。本文还运用了大量的专业术语、科学准确、恰如其分地表达了作者对干扰素研究情况独到的见解。

思考练习题

1. 科技论文的含义？
2. 科技论文选题的原则？
3. 常用实验型科技论文的写作格式？
4. 科技论文的语言特点？
5. 根据所学专业试写一篇科技论文。

第九章　知识产权文书

第一节　知识产权文书概述

一、知识产权的概念

知识产权是指法律赋予产品所有人对其创造性智力成果所享有的各种专有权利的总和。具体而言，知识产权是由著作权(版权)、商标权、发明权、发现权、专利权以及其他科技成果权组成，它从不同层次和不同角度对创造性智力成果进行严格保护。

我们通常所说的知识产权，主要领域是专利权、商标权、著作权。把发明技术、商标、作品给予真正的法律保护，是 17 世纪以后的事。知识产权的法律保护，只不过两百年的历史。我国的知识产权法律制度建设，实际是在改革开放以来，在邓小平提出科学技术是第一生产力的科学论断的同时，提倡全社会都要尊重知识、尊重人才这样新的历史条件下，才迅速地提到了议事日程。具有现代意义的商标法、专利法、著作权法分别于 1982 年、1984 年、1990 年出台，相关的配套法律，以及发明、发现、科技进步、技术转让等等法律也相继颁布，而且，还在不断完善和发展。为了适应国际经济技术交往的需要，我国先后正式参加了国际知识产权的几个主要公约:1980 年 7 月参加了《世界知识产权组织公约》;1985 年参加了《保护工业产权巴黎公约》;1992 年参加了《保护文学艺术作品伯尔尼公约》和《世界版权公约》等。

二、知识产权文书的作用

知识产权文书是知识产权人在法律规定的范围内，为实现权利、履行义务而制作的具有一定法律意义和价值的一系列文件的总称。如当事人为了委托专利代理人进行专利活动，经双方讨论，制作了“专利代理委托书”;权利人为使自己的著作发表与出版单位商议签定的图书出版合同等。

知识产权文书的作用:

1. 知识产权人要实现的维护自身的合法权益，必须在法定的范围内实施一定的行为，这种行为是以一定的法律文书即知识产权文书为表现形式的。而当知识产权人的合法权益受到侵害时，知识产权文书便成了捍卫自身合法权益的凭据。

2. 是国家管理机关(包括司法机关)通过一系列的法律文书(包括知识产权文书)来实现其管理职能的重要手段。

3. 是具体法律行为的起点。如双方法人签了生效的合同，双方便有义务履行合同规定的条款，有权获得有关的权利。如果一方违约，另一方就有索赔的权利，合同书就是产生合同关系的起点。

三、知识产权文书的特点

知识产权文书是法律文书的一种，所以也具有法律文书的一般特点。

（一）知识产权文书具有较强的法律规定性

知识产权文书是在一定的法律规定下所订立或签定的，因此，必须符合法律规范。如图书约稿合同中所约定的出版者的权利和义务、创作者的权利和义务及其实现的手段，都必须符合我国的合同法及其他有关法律。

（二）知识产权文书具有独特的规范性

如驳回商标复审申请书、图书出版合同等无论在订立时间限制或格式上都有严格的限制。

（三）知识产权文书的语言应该简明、准确、质朴

知识产权文书是法律行为的结果和凭证，在写作上要尽可能用简明的文字准确无误地表示其法律行为的性质、内容、程度和实现的程序等。同时客观地反映真实情况。忌用繁冗、模糊或华丽的词藻表达。

第二节　专利申请文书

一、专利申请文书的含义和作用

专利申请文书，亦即专利申请书。专利申请书还包括三个申请文件：说明书及其摘要和权利要求书。专利申请文书是专利申请人要求专利主管机关为自己的发明创造授予专利权的文件。它是表示申请人请求授予发明或实用新型或外观设计专利的愿望，是启动受理专利法律程序的“按钮”，是专利机构审查、印刷、公布并征询意见的依据。

二、专利申请文书的适用范围及专利的申请

申报专利的范围也就是专利申请文书的适用范围。根据我国专利法规定，申报专利的范围：

（一）只能是发明、实用新型和外观设计三种发明创造

发明是指对产品、方法或其改进而提出的新的技术方案；实用新型是指产品的形状、构造或适于实用的新的技术方案；外观设计是指对产品的形状、图案、色彩或富有美感并适用于工业生产的新设计。

（二）发明创造的成果必须具有新颖性、创造性和实用性

新颖性是指在申请专利前没有同样的发明在国内外出版物上公开发表过、在国内公开使用过或者以其他方式为公众所知，也无同样的发明由他人向专利局提出过申请。创造性是指和申请前已有的技术相比，该发明有突出的实质性特点和显著进步，即在逐步发展的技术进步中有一个质的飞跃。实用性是指该发明能够用工业方法予以重复生产、重复再现。

（三）发明不得违反国家法律、社会公德或者妨害公众利益

发明必须是专利法保护的对象，下列各项不属于专利法中技术领域的规定，不能申请专利：

1. 科学理论和发现 2. 智力活动的规则和方法 3. 人或动物疾病的诊断治疗方法 4. 饮料、调味品、药品和化学方法生产的物质 5. 动植物新品种 6. 用原子核变换方法获得的物质。

获得专利权是从专利申请开始的。专利申请是指专利申请人(或代理人)向专利局提交的申请文件。本国的自然人或法人均可申请并取得专利权,外国自然人和法人也可依据《专利法》的要求申请专利。

三、申请专利必须提交的规定文书

1. 申请发明或实用新型专利

应当提交请求书、说明书及其摘要和权利要求书等四种专利申请文书。

2. 申请外观设计专利

应当提交请求书以及该外观设计的图片或者照片等,并应写明使用该外观设计的产品及其所属的类别。

四、专利申请文书的内容和格式

(一) 专利请求书的内容、格式

专利请求书是国家专利局设计好的固定表格,其格式和内容包括以下各项:

1. 发明名称

指发明创造的名称。名称应贴切、具体、明了,充分体现主题;力求简明扼要,既能概括反映发明的范畴(领域)、类别,又不会泄露发明的本质特征;注意该名称与说明书中的名称相一致,标明是产品的发明还是方法的发明。

2. 主要发明人或设计人的姓名、地址

地址要包括邮政编码;其他的次要发明人在下面栏目中填写。

3. 申请人的姓名、地址

如果申请人是法人,除写明法人的名称和地址外,还应写明法定代表人、发明人或设计人的姓名和地址,写明申请人的电话号码。

4. 专利代理机构

如果发明人委托专利代理人或代理机构代办申请,还应写明专利代理机构的名称、地址以及代理人的姓名,并附上申请人签章的委托书以及专利代理机构的登记号。

5. 申请费交纳情况和公布、展出及保密要求

这部分内容要写清已交纳多少申请金、是通过什么渠道交纳的;说明已在国内、外展会上首次展出还是已在规定的学术会议或技术会议上首次发表;哪些可能涉及国家重大利益需作保密处理的。

6. 申请文书清单

包括说明书、请求书、权利要求书、说明书附图、说明书摘要的份数和页数。

7. 附加文书清单

包括代理人委托书、实质审查请求书、要求优先权声明、要求提出公开声明等。

8. 上述以外的发明人

9. 上述以外的申请人

10. 申请人或代理人签章

此外，还有专利申请书包括的三个申请文件：

1. 专利说明书

主要是将发明的内容清楚、完整地告诉别人，并且附图说明。因此，应详细介绍发明的技术过程，针对每个问题特征，介绍解决的技术内容，提出以前类似发明的技术情况及弊病，说明本发明在克服这些弊病时所采用的方法，同时指出本发明所取得的重要技术成果及其新颖性。撰写发明的技术内容，要十分充实；文字要简明扼要，并附图。力求同行专家满意；又使相关的普通专业人员能"按图索骥"，重复完成。广泛说明发明的适用范围，举例说明有几种实施发明的方式方法。

2. 权利要求书

以发明专利申请书为依据，简写要求专利保护的范围。在一定条件下，提出一项或几项独立的专利权项。

3. 文摘部分

简要说明本发明的技术特点。

五、填写申请文书要求和注意事项

1. 编制专利请求书前，要先向专利局或专利事务所索取有关专利及其申请的资料，了解专利及其申请的有关知识和要求，按规定的格式和要求，认真填写。

2. 编制专利请求书要实事求是，清楚、准确、严谨。

3. 专利请求书是反映整个专利申请文书概况的一个简表，又称"标头部分"。填写时，既要填写全面，附件目录齐备，又要简明扼要。

总之，申请专利，涉及许多文件的填写。计有：发明专利请求书、实用新型专利请求书、外观设计专利请求书；要求优先权声明、优先权证明请求书、代理人委托书；实质审查请求书；提前公开声明；费用减缓请求书等。申请专利时，专利局或有关管理部门会将关于专利及其申请整套资料发给填报。

六、例文简析

（发明专利"用 α-亚硝基膦酸酯作硫化捕收剂的浮选方法"的主要申请文件）

申请日：××××年××月××日

申请人：××大学

发明人：×××　×××　×××

专利代理机构：××××大学专利事务所

代理人：××××××

发明名称　用 α-亚硝基膦酸酯作硫化捕收剂的浮选方法

摘　要

用 α-亚硝基膦酸酯作硫化捕收剂的浮选方法，用于硫化矿的分离，这类化合物可以部分或全部以其异构体 α-亚硝基膦酸酯的形式存在，药剂的使用浓度为 $1.0\times10^{-5}\sim1.0\times10^{-3}$ mol/l，pH 为 1～13。本发明具有以下优点：1. 药剂选择性好、捕收能力强；2. 药剂本身具有起泡性能，可以不加或少加起泡剂；3. 药剂的适用 pH 值范围广

权利要求书

1. 一种硫化矿的浮选方法，其特征在于使用 α-严硝基膦酸酯作捕收剂，pH 为 l～13，药剂用量为 $1.0\times10^{-5}\sim1.0\times10^{-3}$ mol/l，所述捕收剂通式为：

（Ⅰ）这类化合物可以部分或全部以其异物构体的形式存在。

（Ⅱ）其中：R、R′和 Rn 可以是 H、1-10 碳烷基、不饱和烃基。

2. 根据权利要求 1 所述的方法，其特征在于，所述 R、R′和 R″的碳链长度之和为 7～9 个碳（苯环折合为 2 个碳）。

3. 根据权利要求 1 所述的方法，其特征在于，黄铜矿的 PH 范围为 pH≤5 或 pH≥7。

4. 根据权利要求 1 所述的方法，其特征在于，闪锌矿的 PH 范围为 pH≤3.5 或 pH≥5。

5. 根据权利要求 1 所述的方法，其特征在于，方铅矿的出范围为 7～11。

6. 根据权利要求 1 所述的方法，其特征在于，黄铜矿和砷黄铁矿相互分离时，所述 R、R′和 R″的碳键长度之和<7（苯环折合为 2 个碳）。

7. 根据权利要求 1 所述的方法，其特征在于，所述捕收剂是由下述步骤和条件制备的：

（1）用等摩尔的亚磷酸酯与酰氯反应 0.5～5 小时。得到 α-羰基膦酯二脂；

（2）在溶液中，在碱的存在下用盐酸羟胺肟化，制得 α-羰基膦酸酯；

（3）然后经重排得到 α-亚硝基膦酸酯；

（4）室温搅拌 2～72 小时，反应液经水洗、干燥、分离即得。

说明书

本发明涉及将 α-亚硝基膦酸酯用作硫化矿浮选剂的浮选方法。

硫化矿包括黄铜矿、黄铁矿、方铅矿、闪锌矿、砷黄铁矿等。为了分离上述硫化矿，目前工业上较多地是使用以下浮选剂：黄原酸盐类 ROC(S)Sna(K)、二烷基/芳基二硫代磷酸酯类 $(RO)_2P(S)$ SH(Na 或 NH_4)、二苯胺二硫化磷酸、二硫化二乙氨基甲酸盐 $(C_2H_5)_2NC(S)SNa$ 等等，但这些药剂通常选择性较差，应用的 pH 范围窄，不适合多组分硫化物浮选分离；近年来又发展出 Z-200、23 黄氰酯、OS-43、酯 105、双黄药、黑药酯等多系列极性非离子型浮选剂，这些药剂虽然对多组分硫化矿分离选择性有些改善，但距有效地分离这些矿物的要求还有相当距离。

本发明的目的是针对硫化矿分选时浮选药剂选择性较差的问题，提出一类新型螯合浮选剂。

所述浮选剂为 α-亚硝基磷酸脂（全称 α-亚硝基烃基膦酸二烃基酯），具有通式为：（略）

（Ⅰ）这类化合物可以部分或全部以其异物构体的形式存在式，即具有通式：（略）

（Ⅱ）其中 R、R′或 R"可以是 H、1-10 碳烷基、环烷基、不饱和烃基、杂原子烃基；当烃基 R、R′或 R"的碳键长度之和为 7～9 个碳时（苯环折合为 2 个碳），具有最佳的浮选结果。

药剂的使用浓度为 $1.0\times10^{-5}\sim1.0\times10^{-3}$ mol/l，pH 为 1～13。

这类药剂为一种螯合剂，选择性好，捕收能力强。通过膦酸基的氧原子和亚硝基(I)或肟基(II)中的氧原子，极有选择性地与硫化矿表面的金属离子形成螯合物而被吸附在矿物表面，使其流水并浮选。药剂的 pH 范围广，可达 l～13，这是由于药剂的化学性质稳定且为极性非离子型的缘故，尤其是在中性 PH 条件下有较好的浮选性能。对各种矿物适用的最佳 pH 范围为：

黄铜矿：PH<5 或 PH>7 的范围均被极好地浮起；

闪锌矿：pH<3.5 或 pH>5 的范围均被极好地浮起；

方铅锌：pH 为 7～11 的范围均被极好地浮起；

黄铁矿和砷黄铁矿：在整个 pH 范围内具有一定的可浮性，但比其他矿物差。

通常各种烃基碳链长度的 α-亚硝基磷酸酯或 α-肟基膦酸酯对黄铜矿、方铅矿、闪锌矿都有效；而难浮黄铁矿和砷黄铁矿，因此适合 Cu、Pb、Zn 硫化矿与这两种矿物的分离。而当其烃键较短（R、R′和 Rn 之和<7，苯基长度以 2C 计）时，适用于黄铁矿和砷黄铁矿的分离，例如，使用 α-亚硝基节基磷酸二乙基酯能够有效地分离黄铁矿和砷苋铁矿。

药剂制备方法如下：

用亚磷酸酯与反氯反应得到 α-连基磷酸二酯，在有碱如吡啶、氢氧化钠等的存在下用盐酸羟胺肟化便制得 α-肟基磷酸酯，后者经重排得到 α-亚硝基磷酸酯，反应式如下：

$$R'COCl + (PO)_3P \longrightarrow R'C(O)P(O)(OR)_2 \qquad (1)$$

$$R'C(O)R(O)(OP)_2 + HONH \cdot HCl \longrightarrow R'C(NOH)P(O)(OR)_2 \qquad (2)$$

$$R'C(NOH)P(O)(OR)_2 = R'CH(NO)P(O)(OR)_2 \qquad (3)$$

通常反应(1)使用等摩尔的酰氯和亚磷酸酯，在室温下反应 0.5～5 小时（使用活性较低的亚磷酸酯如亚磷酸三苯酯作原料时，须加热回流），同时搅拌，然后可放置 2～24 小时以使反应更完全。反应(2)是将得到的 α-羰基膦酸二酯加入到含过量 5%～50%（摩尔比）的盐酸羟胺及时过量 5%～50%（摩尔比）的碱的溶剂（如乙醇）混合液中进行，盐酸羟胺及碱用量均以过量 10%～15%（摩尔比）为佳。

因是放热反应，应控制加科速度使温度<30℃，加毕，室温搅拌 2～72 小时，反应液经水洗、干燥、分离即得 α-亚硝基膦酸酯或/和其异构体 α-肟基膦酸酯。分离过程中应注意温度不能太高，>150℃时，α-羰基磷酸酯和 α-亚硝基膦酸酯都极易分解。

当使用不对称的亚磷酸酯如 $(RO)(R'O)_2P$ 或 $(RO)(RO')(RO'')P$ 作原料时，可得到不对称的 α-亚硝基膦酸酯或不对称的 α-肟基膦酸酯。

本发明具有以下优点：

1. 药剂选择性好、捕收能力强。

2. 药剂本身具有起泡性能，可以不加或少加起泡剂。

3. 药剂的适用 pH 值范围广。

实施例：

（一）药剂制备（略）

（二）用作捕收剂（略）

简析：这是一份发明专利的申请文书，格式完整，文字表达准确简明。题目贴切，体现了专利的主题。内容介绍详略有序，符合专利申请书的书写要求。

第三节 商标文书

一、商标的含义和特征、种类及作用

商标是区别不同企业商品以及不同商品的不同质量的一种专用标记，俗称商品的“牌子”，是知识产权的一种。其特征，首先是表现性。也就是说，作为商标必须通过某种形式表现出来。表现形式，一般有三：1. 以文字、图形、颜色或者以文、图、色组合构成，这是常见形式。2. 以音响作表现形式，但主要是用在电台、电视台的某种音乐或者音响。3. 以气味作表现形式，国外开始使用，但尚不普遍。其次是创造性。只要商标的构思有新意，便可说某一商标具有创造性。第三是合法性。就是说，商品的标记必须符合我国的《商标法》。以上“三性”的统一，便构成了商标的主要特征。明确商标主要特征，便于人们在日常生活中加深对商标本质属性的认识。

商标的种类繁多。

从商标的结构看，可分为文字商标、图形商标和组合商标；

从商标的用途看，可分为营业商标、服务商标、保证商标、联合商标、防御商标。

此外，还有集体商标（用以说明所有制形式）、制造商标（标明商品制造者）、销售商标或商业商标（标明其经营者）以及记号商标（用简单记号制作的标记）等。

商标，具体地说，有如下作用：1. 表明商品的来源；2. 标示商品的质量；3. 宣传商品，在商品的广告宣传中，商标宣传起到了商品本身所不能起到的作用，它可以翱翔天际，可以过海飘洋，也可以远离商品，独立地进出经济技术的贸易市场。

二、商标法、商标注册程序以及商标文书

（一）商标法的含义、作用以及我国的商标法

商标法是关于商标的法律，即规定商标的组成、注册、使用、管理和商标专用权保护等的法律规范。它是属于工业产权法的一部分。商标法规定了商标注册人，要想获得商标专用权（即商标的独占使用权）则必须进行商标注册。我国现行商标法是 1982 年 8 月 23 日通过、1983 年 3 月 2 日起实施的《中华人民共和国商标法》，以及 1983 年 3 月 10 日国务院颁发的《中华人民共和国商标实施细则》。另外，《中华人民共和国刑法》以及其他单行法律、法规，也有关于商标问题的规定。

（二）商标注册程序

商标注册是商标管理的法律程序，主要包括：

1. 申请

商标注册申请人向商标注册和管理机构商标局申请商标注册，填写《商标注册申请书》。申请商标变更注册、商标续展注册的，应提交《注册商标变更注册人申请书》、《注册商标变更注册人地址申请书》、《商标续展注册申请书》。

2. 审查

（1）形式审查：关于商标申请人申请权，文件是否齐备等事项的审查；

（2）实质审查：关于商标注册申请是否属于商标法禁止或是否与已注册的、初步审定的

商标相冲突而进行的审查；

(3) 初步审定：经过前两个程序做出合乎商标法的判定，给予初步审定编号，建立审查检索卡片，有关材料存档。

3. 公告

将初步审定的商标注册申请公布在国家发行的专门刊物《商标公告》上，接受公众监督，征求公众对初步审定商标的异义以及利害关系人对商标的争议。

4. 驳回申请

商标注册申请经商标注册管理机关审查，凡违反了商标法规定，不予以注册的，由商标注册管理机关书面通知商标申请人或其代理人，即为驳回申请。

5. 驳回商标的复审

对驳回申请，不予公告的商标，申请人不服的，可以在收到通知15天内申请复审请求，商标评审委员会就此进行重新审查。经审查后，评审委员会认为该项申请应予审定的，应将有关材料移交商标局办理初步审定予以公告；认为仍应驳回的，要做出驳回决定。两种情况均应书面通知申请人。商标评审委员会的决定是终局决定。

6. 异议

对初步审定，予以公告的商标，自公告之日起三个月内，任何人均可提出异议。商标局根据异议人的异议书和申请人的陈述书，经调查核实后，做出裁定。

7. 终局决定

商标评审委员会对不服商标局驳回和异议的裁定而提出复审申请，对不满一年的新注册商标发生争议申请，对不服商标局撤销商标的行政处理的复审申请而做出的决定、裁定，是终局决定，商标局必须执行，当事人不得上诉。

8. 核准上册

对合乎商标法规定，经初步审定，异议期间无异议或有异议经裁定为不能成立的，由商标局在商标注册登记簿上登记，刊登公告并发给商标注册证。

(三) 商标文书的概念

商标文书是指根据商标法的规定，申请商标注册的文书，它包括：商标注册申请书；商标图样；有关的文件证明等多种由工商管理部门印制的在商标注册中需要使用的文书。

第四节　商标注册申请文书

一、商标注册申请书

1. 商标注册申请书的含义

商标注册申请书是指企业单位和个体工商户向商标局提出的要求注册其商标的法律文件。凡须注册商标的企业单位和个体户均需填写此文件，不能以口头形式或其他方式提出申请。

2. 商标注册申请书的主要内容

(1) 申请日期；

(2) 申请人简况，如名称、地址等；

(3) 注册费，包括申请费、注册费、印花税；

(4) 商标图样；

(5) 商标种类及设计说明；

(6) 属于商品分类的类别；

(7) 申请次数以及准备在哪几类上申请；

(8) 其他。

3. 注意事项

每项商标注册申请书一式两份，其中一份报呈国家工商局商标局，一份由当地工商局留存。填写商标注册申请书应注意以下几点：

(1) 使用规范汉字，字迹工整；

(2) 在一份申请书中不得填写两个或两个以上商标；

(3) 填写的商标名称与附送的商标图样必须一致；

(4) 在一份申请书中只准写同一类中的商品；

(5) 难于确定类别的商品，应当附加原料、用途的说明；

(6) 商品名称必须是商品的通用名称，一个商品有两个或两个以上通用名称的，应附加说明；

(7) 技术标准必须是实际执行的标准，说明是国家、部颁或行业自定的，无技术标准的，应当附加说明；

(8) 申请人名称与章戳以及营业执照核定的名称一致；

(9) 地址必须是申请人的实际地址，要写明所在省、市、乡、村或街道门牌号码；

(10) 商品名称、类别、具体商品名称、商品用途、技术标准、商品的原料、申请人的名称、地址等各项内容都要求写全称，不可用型号、代号、俗称或其他不规范名称代替。

二、商标图样

1. 商标图样的含义

商标图样，是指实际使用的商标图样(或设计图样的照片、实际使用的包装图样)。

2. 对商标图样的要求

每份商标注册申请书应附带用光洁耐用的纸张制作的商标图样 10 张。硬塑以及不能粘贴的面料等商标，可用印刷或绘图样代替。图样的长和宽不得大于 30cm，不得小于 3cm，圆形图样的纸张直径不得小于 5cm，指定颜色的，应当交送着色图样和商标黑白墨稿一份。图样应清晰、洁净，所用文字应书写正确。加注汉语拼音，应按标准普通话的语言拼写。图样必要时可用照片代替。对设计抽象、无文字、过于简单或过于复杂的商标，应附加说明。如果该商标尚未实际使用，则应递交设计图样的照片 10 张、有些商品习惯上与包装装潢融为一体，如香皂、火柴、牙膏等，那么则要送交实际使用的包装图样十张。

三、委托书

外国企业或个人在我国申请商标注册和办理其他商标事务，应委托中国国际贸易促进委员会或中国专利代理(香港)有限公司代办。我国企业向外国(或香港地区)申请商标注册，应委托中国国际贸易促进委员会、我国驻外使馆商务处(经商务处介绍当地代理人)、中国国际贸易促进委员会驻香港商务机构或直接委托国外商标代理人代为办理申请事宜。委托人代办申请商标注册的，应填写委托书，注明委托权限，委托人签字后即生效。代理人在委托权限内的行为具有法律效力。但外国人或企业在我国申请商标注册,在证明文件里必须有国籍证明、代理人委托书等经过公证或认证的文件,并且附有这些文件的中译本。另外,他们所申请的商标及办理其他商标事务时,应当使用中国文字。

四、其他证明文件

申请注册药品商标,应送交省卫生厅发给的(药品生产企业许可证)或《药品经营许可证》。申请注册卷烟、雪茄商标,应送交国家主管部门批准的生产卷烟、雪茄的证明文件。

五、例文简析

商标注册申请书

国家工商行政管理局商标局:

现拟以＿＿＿＿＿商标,使用于商品分类表第＿＿＿＿＿类的下列商品,申请注册。

商品名称	商品用途	主要原料	技术标准			
			国家	部颁	行业	自定

申请人(章戳)＿＿＿＿＿＿

地　址＿＿＿＿＿＿

营业执照号＿＿＿＿＿＿

经济性质＿＿＿＿＿＿

年　月　日

附送

商标图样 10 张(指定颜色的着色图标和黑白墨稿各 1 张)其他	申请费　元 注册费　元 地方工商行政管理局收费专用章
县级工商行政管理局核转意见: (章　戳) 年　月　日	省(市)级工商行政管理局核转意见: (章　戳) 年　月　日

简析:这是一份商标注册申请的示范格式。商标申请可依照此格式进行填写。

思考练习题

1. 什么是知识产权?知识产权文书有哪些特点?
2. 试述专利申请的适用范围。
3. 商标注册申请书的主要内容包括哪几个方面?

第十章　附　　录

中华人民共和国促进科技成果转化法

（1996年5月15日第八届全国人民代表大会常务委员会第十九次会议通过）

第一章　总则

第一条　为了促进科技成果转化为现实生产力，规范科技成果转化活动，加速科学技术进步，推动经济建设和社会发展，制定本法。

第二条　本法所称科技成果转化，是指为提高生产力水平而对科学研究与技术开发所产生的具有实用价值的科技成果所进行的后续试验、开发、应用、推广直至形成新产品、新工艺、新材料，发展新产业等活动。

第三条　科技成果转化活动应当有利于提高经济效益、社会效益和保护环境与资源，有利于促进经济建设、社会发展和国防建设。科技成果转化活动应当遵循自愿、互利、公平、诚实、信用的原则，依法或者依照合同的约定，享受利益，承担风险。科技成果转化中的知识产权受法律保护。科技成果转化活动应当遵守法律，维护国家利益，不得损害社会公共利益。

第四条　国务院科学技术行政部门、计划部门、经济综合管理部门和其他有关行政部门依照国务院规定的职责范围，管理、指导和协调科技成果转化工作。地方各级人民政府负责管理、指导和协调本行政区域内的科技成果转化工作。

第二章　组织实施

第五条　国务院和地方各级人民政府应当将科技成果的转化纳入国民经济和社会发展计划，并组织协调实施有关科技成果的转化。

第六条　国务院有关部门和省、自治区、直辖市人民政府定期发布科技成果目录和重点科技成果转化项目指南，优先安排和支持下列项目的实施：

（一）明显提高产业技术水平和经济效益的；

（二）形成产业规模，具有国际经济竞争能力的；

（三）合理开发和利用资源、节约能源、降低消耗以及防治环境污染的；

（四）促进高产、优质、高效农业和农村经济发展的；

（五）加速少数民族地区、边远贫困地区社会经济发展的。

第七条　国家通过制定政策措施，提倡和鼓励采用先进技术、工艺和装备，不断改进、限制使用或者淘汰落后技术、工艺和装备。

第八条　各级人民政府组织实施的重点科技成果转化项目，可以由有关部门组织采用公开招标的方式实施转化。有关部门应当对中标单位提供招标时确定的资助或者其他条件。

第九条　科技成果持有者可以采用下列方式进行科技成果转化：

（一）自行投资实施转化；

（二）向他人转让该科技成果；

（三）许可他人使用该科技成果；

（四）以该科技成果作为合作条件，与他人共同实施转化；

（五）以该科技成果作价投资，折算股份或者出资比例。

第十条　企业为采用新技术、新工艺、新材料和生产新产品，可以自行发布信息或者委托技术交易中介机构征集其所需的科技成果，或者征寻科技成果转化的合作者。

第十一条　企业依法有权独立或者与境内外企业、事业单位和其他合作者联合实施科技成果转化。企业可以通过公平竞争，独立或者与其他单位联合承担政府组织实施的科技研究开发和科技成果转化项目。

第十二条　国家鼓励研究开发机构、高等院校等事业单位与生产企业相结合，联合实施科技成果转化。研究开发机构、高等院校等事业单位，可以参与政府有关部门或者企业实施科技成果转化的招标投标活动。

第十三条　国家鼓励农业科研机构、农业试验示范单位独立或者与其他单位合作实施农业科技成果转化。农业科研机构为推进其科技成果转化，可以依法经营其独立研究开发或者与其他单位合作研究开发并经过审定的优良品种。

第十四条　国家设立的研究开发机构、高等院校所取得的具有实用价值的职务科技成果，本单位未能适时地实施转化的，科技成果完成人和参加人在不变更职务科技成果权属的前提下，可以根据与本单位的协议进行该项科技成果的转化，并享有协议规定的权益。该单位对上述科技成果转化活动应当予以支持。科技成果完成人或者课题负责人，不得阻碍职务科技成果的转化，不得将职务科技成果及其技术资料和数据占为已有，侵犯单位的合法权益。

第十五条　科技成果完成单位、科技成果转化实施单位和科技成果转化投资单位，就科技成果的后续试验、开发、应用和生产经营进行合作，应当签订合同，约定各方享有的权利和承担的风险。

第十六条　科技成果转化活动中对科技成果进行检测和价值评估，必须遵循公正、客观的原则，不得提供虚假的检测结果或者评估证明。国家设立的研究开发机构、高等院校和国有企业与中国境外的企业、其他组织或者个人合作进行科技成果转化活动，必须按照国家有关规定对科技成果的价值进行评估。

科技成果转化中的对外合作，涉及国家秘密事项的，依法按照规定的程序事先经过批准。

第十七条　依法设立的从事技术交易的场所或者机构，可以进行下列推动科技成果转化的活动：

（一）介绍和推荐先进、成熟、实用的科技成果；

（二）提供科技成果转化需要的经济信息、技术信息、环境信息和其他有关信息；

（三）进行技术贸易活动；

（四）为科技成果转化提供其他咨询服务。

第十八条　在技术交易中从事代理或者居间等有偿服务的中介机构，须按照国家有关规定领取营业执照；在该机构中从事经纪业务的人员，须按照国家有关规定取得资格证书。

第十九条　国家鼓励企业、事业单位和农村科技经济合作组织进行中间试验、工业性试验、农业试验示范和其他技术创新和技术服务活动。从事科技成果转化的中间试验基地、工业性试验基地、农业试验示范基地以及其他技术创新和技术服务机构可以进行下列活动：

（一）对新产品、新工艺进行中间试验和工业性试验；

（二）面向社会进行地区或者行业科技成果系统化、工程化的配套开发和技术创新；

（三）为中小企业、乡镇企业、农村科技经济合作组织提供技术和技术服务；

（四）为转化高技术成果、创办相关企业提供综合配套服务。前款所列基地和机构的基本建设经国务院有关部门和省、自治区、直辖市人民政府批准，纳入国家或者地方有关规划。

第二十条　科技成果转化的试验产品，按照国家有关试销产品的规定，经有关部门批准，可以在核定的试销期内试销。试产、试销上述产品应当符合国家有关技术、质量。安全、卫生等标准。

第三章　保障措施

第二十一条　国家财政用于科学技术、固定资产投资和技术改造的经费，应当有一定比例用于科技成果转化。科技成果转化的国家财政经费，主要用于科技成果转化的引导资金、贷款贴息、补助资金和风险投资以及其他促进科技成果转化的资金用途。

第二十二条　国家对科技成果转化活动实行税收优惠政策。具体办法由国务院规定。

第二十三条　国家金融机构应当在信贷方面支持科技成果转化，逐步增加用于科技成果转化的贷款。

第二十四条　国家鼓励设立科技成果转化基金或者风险基金，其资金来源于国家、地方、企业、事业单位以及其他组织或者个人提供，用于支持高投人、高风险、高产出的科技成果的转化，加速重大科技成果的产业化。科技成果转化基金和风险基金的设立及其资金使用，依照国家有关规定执行。

第二十五条　国家推进科学技术信息网络的建设和发展，建立科技成果信息资料库，面向全国，提供科技成果信息服务。

第四章　技术权益

第二十六条　科技成果完成单位与其他单位合作进行科技成果转化的，应当依法由合同约定该科技成果有关权益的归属。合同未作约定的，按照下列原则办理：

（一）在合作转化中无新的发明创造的，该科技成果的权益，归该科技成果完成单位；

（二）在合作转化中产生新的发明创造的，该新发明创造的权益归合作各方共有；

（三）对合作转化中产生的科技成果，各方都有实施该项科技成果的权利，转出该科技成果应经合作各方同意。

第二十七条　科技成果完成单位与其他单位合作进行科技成果转化的，合作各方应当就保守技术秘密达成协议；当事人不得违反协议或者违反权利人有关保守技术秘密的要求，披露、允许他人使用该技术。

技术交易场所或者中介机构对其在从事代理或者居间服务中知悉的有关当事人的技术秘密，负有保密义务。

第二十八条　企业、事业单位应当建立健全技术秘密保护制度，保护本单位的技术秘密。职工应当遵守本单位的技术秘密保护制度。

企业、事业单位可以与参加科技成果转化的有关人员签订在职期间或者离职、离休、退休后一定期限内保守本单位技术秘密的协议；有关人员不得违反协议约定，泄露本单位的技术秘密和从事与原单位相同的科技成果转化活动。

职工不得将职务科技成果擅自转让或者变相转让。

第二十九条　科技成果完成单位将其职务科技成果转让给他人的，单位应当从转让该项职务科技成果所取得的净收入中，提取不低于百分之二十的比例，对完成该项科技成果及其转化做出重要贡献的人员给予奖励。

第三十条　企业、事业单位独立研究开发或者与其他单位合作研究开发的科技成果实施转化成功投产后，单位应当连续三至五年从实施该科技成果新增留利中提取不低于百分之五的比例，对完成该项科技成果及其转化做出重要贡献的人员给予奖励。

采用股份形式的企业，可以对在科技成果的研究开发、实施转化中做出重要贡献的有关人员的报酬或者奖励，按照国家有关规定将其折算为股份或者出资比例。该持股人依据其所占股份或者出资比例分享收益。

第五章　法律责任

第三十一条　违反本法规定，在科技成果转化活动中弄虚作假，采取欺骗手段，骗取奖励和荣誉称号，诈骗钱财、非法牟利的，责令改正，取消该奖励和荣誉称号，没收所有违法所得，并处以罚款。给他人造成经济损失的，依法承担民事赔偿责任。构成犯罪的，依法追究刑事责任。

第三十二条　违反本法规定，对科技成果进行检测或者价值评估，故意提供虚假检测结果或者评估证明的，责令改正，予以警告，没收违法所得，并对该检测结果或者评估证明的评估机构处以罚款；情节严重的，依法吊销营业执照和资格证书。给他人造成经济损失的，依法承担民事赔偿责任。

第三十三条　各级人民政府科学技术行政部门和其他有关部门工作人员在科技成果转化中玩忽职守、徇私舞弊的，给予行政处分；构成犯罪的，依法追究刑事责任。

第三十四条　违反本法规定，以唆使窃取、利诱胁迫等手段侵占他人的科技成果，侵犯他人合法权益的，依法承担民事赔偿责任，可以处以罚款；构成犯罪的，依法追究刑事责任。

第三十五条　违反本法规定，职工未经单位允许，泄露本单位的技术秘密，或者擅自转让、变相转让职务科技成果的，参加科技成果转化的有关人员违反与本单位的协议，在离职、离休、退休后约定的期限内从事与原单位相同的科技成果转化活动的，依照有关规定承担法律责任。

第三十六条　在技术交易中从事代理或者居间服务的中介机构和从事经纪业务的人员，欺骗委托人的，或者与当事人一方串通另一方当事人的，责令改正，予以警告，除依法承担民事赔偿责任外，没收违法所得，并处以罚款；情节严重的，依法吊销营业执照和资格证书；构成犯罪的，依法追究刑事责任。

第六章　附则

第三十七条　本法自 1996 年 10 月 1 日起施行。

参考文献

1. 梁福有.应用写作.北京:中国农业出版社,2001
2. 岳云堂,赵化山.学术论文写作述评.北京:北京航空航天大学出版社,1994
3. 刘富贵.现代科技写作.北京:蓝天出版社,1996
4. 金健民.科技论文写作与编写格式标准化.济南:山东科学技术出版社,1991
5. 朱礼生,朱江.论文写作与答辩.南昌:江西高教出版社,1999
6. 王国全.新广告学.广州:广东人民出版社,2002
7. 于成鲲.现代应用文.上海:复旦大学出版社,1996
8. 姚　曦.广告概论.武汉大学出版社,1996
9. 袁一锋.实用写作基础.上海人民出版社,2001
10. 马建青.现代广告心理学.杭州:浙江大学出版社,1997
11. 李宏伟,张秉忠.现代广告写作.北京:蓝天出版社,1995
12. 陈惠钦,王兆阳.实用科技写作指南.西安:太白文艺出版社,1997
13. 丁昌桂.应用文写作.南京:江苏教育出版社,1996
14. 李声华,吴雅杰.实用文体写作格式与技巧大全.北京:中央民族学院出版社,1994
15. 闵庚尧,李贵如.应有写作学.北京:经济科学出版社,1996
16. 陈子典,李硕豪.实用写作教程.广州:暨南大学出版社,1995
17. 沈国芳.当代实用写作学.南京:南京师范大学出版社,1996
18. 张冬梅.现代广告学.青岛海洋大学出版社,1995
19. 杨达寿.实用科技写作.杭州:浙江大学出版社,1990
20. 汪祥云,蒋瑞松.应用文写作.上海交通大学出版社,2000
21. 张耀辉.大学应用写作.上海交通大学出版社,1999
22. 李振起,李凯源.大学写作.天津:南开大学出版社,1994
23. 裴显生.现代实用写作学.南京:江苏教育出版社,1996
24. 司有和,蒋瑞松.大学科技写作.北京:光明日报出版社,1987
25. 赵丽雅.应用文写作大全.成都:时代文艺出版社,2003
26. 陈惠钦.应用文写作大全.西安:太白文艺出版社,1994
27. 王光祖,杨荫浒.写作.上海:华东师范大学出版社,1997
28. 寿静心.应用写作教程.北京:中国言实出版社,2001